Peacework
Prayer, Resistance, Community

By Henri J. M. Nouwen

Paperback edition 2014
Published by Orbis Books, Maryknoll, NY

Translated by WATANABE Junko

Published by
The Board of Publications
The United Church of Christ in Japan
Tokyo, Japan

序文

ジョン・ディア

ヘンリ・ナウエンは、現代において最もよく読まれている霊的著作家のひとりである。一九九六年に亡くなるまで、ヘンリは霊的生活、祈り、孤独《ソリチュード》、聖餐、死についての手に取りやすい小著を何冊も残し、数多くの読者に刺激と励ましを与えてきた。ヘンリの著作は多くの点で、第二ヴァチカン公会議以後、教会がイエスと聖書に対して示してきた新たな関心の焦点を具体的に表現している。

しかしヘンリについて私が最も心ひかれるのは、彼が個人的なレベルでこれらの著作を生きようとしていたことだ。その大きな霊的ヴィジョンと、煩雑さに満ちた日々の現実とを結びつけ、福音を自分の生活のなかで、そして世界のなかで実現させようとしたのである。この努力は誰にとってもそうであるように、ヘンリにとっても痛みを伴うものだった。

それは危険をおかすこと、前に進むこと、世界のなかで神が自分のために備えてくださった場所を探し求めることを意味していた。オランダ人の司祭で心理学者でもあったヘンリは、評判のよい著作家・講演者であると同時に、ノートルダム大学やイェール大学、ハーヴァード大学における人気の教授でもあった。ところがそのキャリアの頂点で、ヘンリはアカデミックな世界から立ち去った。トラピスト会修道院での生活やラテンアメリカでの宣教師としての生活の可能性を探ったのち、ヘンリはトロントに移り住み、デイブレイクのラルシュ共同体の一員となって、障害のある人々に仕えることになった。ヘンリは福音の価値観を生き、用いることによって世界と関わろうとした。福音の価値観をあらゆることに当てはめるというこの稀有な態度こそ、ヘンリが霊性や霊的生活について語ることの信頼性をいっそう高めているように思う。

ヘンリ・ナウエンは痛みと暴力に満ちた世界に、瞬時も目を閉じることなく向きあった。そして世界を見据え、愛と癒やしと平和の言葉を差し出した。これは一見、感傷的な態度に見えるかもしれないが、実は揺るぎない社会的・政治的霊性に根ざすものだった。ヘンリはイエスに従う者として、平和と正義の支配する神の国をまず探し求めなければならないことを知っていた。そして自分の霊的著作は、神の国のあらゆる局面を映し出すものでなければならないことも知っていた。つまり、個々人の救いだけではなく、社会と世界の変革をも映し出さなければならないのだ、と。この大きな視点こそ、ヘンリの著作を唯一無二のものとしている。

霊性に関する本や霊性の教師、いわゆる「霊的生活」を究める道は数多く存在する。しかしここ二十五年以上にわたって平和と正義のために尽力してきたイエズス会会員として、私はこれらの多くが的外れであると感じている。なぜならこれらは、戦争による世界的危機、核兵器、貧困、飢餓、エイズ、環境破壊の脅威の問題を扱っていないからだ。これらのいわゆる「政治的問題」は生死に関わる問題であり、何よりもまず霊性に関わる問題なのである。だからこそイエスは、貧しい人々のための正義、地上における神の平和の国のヴィジョンの実現に向けて、あれほどまでの情熱をもってご自身をささげられたのだ。また、ご自身と同じように体制的・帝国主義的不正義に正面から立ち向かう、平和をつくる人々の共同体の形成のために、ご自身の命を明け渡されたのだ。

公然と悪に抗い世界に平和をつくりだすことは、信頼に足るあらゆる霊性の核心である。残念なことに、霊的生活と、戦争や貧困、核兵器の問題との重大な結びつきを意識している者は少ない。私たちの多くは、自分の個人的な霊的経験を、ビジネス、選挙政治、爆撃、国家「保安」といった「現実世界」から切り離している。私たちはたぶんトラブルを起こしたくないのだ。自分の教会の会衆をそのような問題から隔てておきたいし、愛国心がないと非難される危険をおかしたくないのだ。しかし世界にはびこる暴力を前にしながら、何の行動も起こさず沈黙しているならば、預言者の精神をもって非暴力のイエスを証しすることを、自分では気づかないうちに放棄してしまうことになる。私たちは、正義と平和の支配する神の国と連携するよりも、戦争と世界規模の不正義に満ちた現状を選んでしまう。それはまるで、祈りや現代の霊性について書いたり語ったりするためには、イラクでの戦争や中東での暴力、ロスアラモスで現在も続けられている核兵器の開発（そのあいだにも学校や雇用、住宅、食料、医療のための予算が削減されているというのに）は無視しなければならない、とでもいうかのようだ。こうした問題は、痛ましいことではあるけれども霊的生活には関係ない、と私たちの文化は告げている。私たちの個人的な祈りと、朝の新聞で読む恐ろしい出来事とは何のつながりもないのだ、と。

しかしヘンリは「つながりがある」と、本書で主張している。ヘンリは自分の個人的な神との出会いの経験、牧会心理学における洞察、自分がキリストに従う者であるという理解を、周囲の貧しい人々や傷ついた人々だけでなく、現代における世界規模の不正義とも結びつけている。ヘンリにとってこれらの洞察は、本書を書きはじめるずっと前に始まりその死の日まで続いた自分自身の旅がもたらした実りだった。

一九六〇年代にヘンリは車を運転して米国南部に向かい、キング博士やその他多くの人々とともにセルマで壮大な行進に加わった。この行進は公民権運動において大きな転換点となった。その後ヘンリはふたたび南部を訪れ、何万もの人々とキング博士の葬列に連なった。一九七〇年代にはいくつもの反戦集会で語り、コネティカット州にあるトライデントミサイル搭載潜水艦基地で平和のための徹夜の祈りに参加した。一九八〇年代にはニカラグアとグアテマラの戦闘地域に赴き、米国内を巡回して、レーガンがニカラグアの反政府右派勢力コントラに資金援助をしていたことに抗議し、核兵器の軍拡競争への批判を訴え、ネバダ州の核実験場では抗議者たちに加わった。第一次湾岸戦争の直前にあたる一九九一年一月十四日、ヘンリはワシントンDCで一万人の聴衆を前に、差し迫った戦争を食い止め、キリスト者は平和を貫く立場をとるようにと呼びかけた。その後まもなく、ヘンリは私に宛てた手紙のなかで次のように書いた。「この世界のなかでイエスの平和を徹底して説くことがいかに難しいかを、これまでにないほど痛感しています。問題を解決しようとするとき、世界はなんと暴力に傾きやすいことでしょう」。

ヘンリは、霊的生活が自分を平和のために働くようにと招いていることを知っていた。神から愛されている子であるという自分の使命を十分に果たすために、自分は平和をつくる者とならなければならない、戦いに明け暮れる世界のなかで平和の声とならなければならない、と。一九九〇年代前半、反核のデモを行った私が刑務所に収容されていたとき、ヘンリは私を力づけようと長い手紙をくれた。その手紙によると、ヘンリはラルシュでの自分の働きを、反戦と反核の証言であると自覚していたという。そして自分は、非暴力と武装解除を求めて広がりつつある運動の一部でありたいと願っていた。また、戦争と兵器に対して非暴力の抵抗を示す自らの態度を明らかにするためには、逮捕され投獄される危険をおかす覚悟がある、とまで書いていた。正義と平和のために闘いたいと願うヘンリの姿勢は、故意に無視されているとまでは言わないにしても、今なお多くの人に誤解されていると私は思う。しかし私から見れば、この姿勢が他の多くの平和運動家との決定的な違いを生んでいるのだ。この姿勢こそが、ヘンリの著作に真摯な力を与えている。その姿勢とはすなわち、貧しい人々や周縁に追いやられた人々のなかに自らを置くという立脚点、正義と平和を求める運動との真の連帯、同時代の多くの戦争に対して異を唱えるという公の立場である。

ヘンリ・ナウエンは平和の生を生き、平和のヴィジョンを実現に向けて推しすすめ、平和の道を説こうとした。一九八〇年代前半、高まる冷戦の緊張のさなかで、ヘンリは教会と平和運動のためにこの短い本を書き、行進や平和への訴えをする人々がその行動を平和の核心――平和の神の「顔」であるイエス、そして神の聖霊――に根づかせることができるようにと願った。ヘンリは政治的展望を、内なる霊的展望ほどには語らなかった。人間を世界の滅亡の縁からひき戻す助けとなるのは、まず何よりも心の内なる回心であり、社会的、政治的、経済的変革はそれに続くと、ヘンリは考えていた。

本書のいくつかの部分は、教会関係の小規模な雑誌に載せたものであり、ヘンリにはこれらをまとめて出版する余裕がなかった。一九九六年のヘンリの突然の死のあと、私は雑誌に載った記事を中心に、彼が平和と正義について書いた著述を集め、『平和への道』〔*The Road to Peace* 邦訳＝廣戸直江訳、聖公会出版、二〇〇二年〕として出版した。しかし、共同体についての章と「おわりに」を含めた本書の全文が出版されるのは、今回が初めてである。

ヘンリが生きていたなら、本書の内容を今の時代にあわせて書き換え、書き直し、平和をつくりだす霊性のほかの要素を書き加えたにちがいない。ラルシュに移り住んだ数年後、ヘンリは「平和の道」（"The Path of Peace"）という小冊子を書き、ひき続き平和の霊性と取り組んだ。ヘンリはこの小冊子に、祈り、抵抗、共同体に加え、新しい要素を盛りこんだ。それは、傷ついた、弱く貧しく周縁に追いやられた人たちから贈り物を受け取るということだ。ヘンリはこのことを、ラルシュでの経験から——とりわけデイブレイク共同体にいた重い障害を抱える青年アダムとの関係から学んだのだった。ヘンリは次のように語る。貧しい人たちは世界の苦しみと不正義について教えてくれる。しかし何よりも、貧しい人たちは平和という神からの贈り物を私たちと分かちあってくれる。山上の説教にあるように、神からのこの贈り物を誰よりも先に受け取るのは、彼らなのである、と。（ヘンリの平和をつくりだす霊性をさらに深く知るには、『わが家への道』〔*Finding My Way Home* 邦訳＝工藤信夫訳、あめんどう、二〇〇五年〕所収のこの小冊子を、本書と併せて読むとよい。）

恐れと不安、戦争とテロリズムに満ちたこの混迷の時代にあって、ヘンリの平和のメッセージはかつてないほど必要とされている。二十年前に書かれたにもかかわらず、「恐怖に支配された家」というヘンリの表現は、現代の世界を今なおよく表している。新たな切迫感を帯びた言葉をもって、ヘンリは私たちに、恐れの家を出て愛と平和の家への道を歩もうと呼びかけている。そして私たちみなに、祈りと抵抗と共同体を通して平和のために働こうと促す。

九・一一以後の世界にあっては、ヘンリの平和の霊性は非現実的、考えが甘いと退けられてしまうかもしれないが、彼は聖書の視点から書いているのである。ヘンリは霊性の探求者、導き手として、神が平和の神であり、私たちが「剣を鋤に打ち直し」「もはや戦いを学ばなくなる」ことを〔イザヤ書二・四参照〕望んでおられるのを知っていた。イエスが平和の道を歩き、弟子たちがご自分と同じように平和をつくる者となることを願っておられたのを知っていた。イエスは山上の説教のなかで「平和を造る人々は、幸いである／その人たちは神の子と呼ばれる」〔マタイ五・九〕と語っておられたのだから。これらの言葉は「私たちが今日キリスト者として生きるためのキーワードとなっている」と、ヘンリは「おわりに」のなかではっきりと書いている。霊性において成熟し、イエスの真の弟子になりたいと願うならば、他の人々が何と言おうとも、私たちは戦争を孕み引き起こす文化に立ち向かい、平和をつくる者とならなければならない、とヘンリは語る。そして「現代においてキリストの霊のうちにある生を生きる」とは、「この世にあって、破壊をもたらす力に決して与することのない道を選択すること」であると締めくくっている。ヘンリがこのように語ったときから何年もたつが、この課題の緊急性は少しも薄れていない。

多くの読者がヘンリの黙想に思いをめぐらせ、その言葉を深く心に刻み、その平和の知恵を社会と政治にどのように生かせるか考えるようになることを、私は願っている。そして何よりも、これらの読者が平和のために大胆な一歩を踏み出してくれることを望んでいる。ヘンリのように、公の場で反戦、反核を語り、非暴力の社会を求める運動に参加してほしい。ヘンリの生涯が示しているように、私たちが勇気をもってこの霊的な旅に乗りだし、平和を求める存在、平和の声として闘いに加わるならば、私たちの霊性は深まり、私たちの生はよい実を結ぶだろう。

ヘンリが教えてくれたように、福音の説く平和と非暴力の霊性を実践するならば、私たちは確かに、自分が神の愛する息子、娘であることがわかるはずだ。キリストの平和の与えてくれるこの祝福こそ、霊的生が意味することのすべてなのである。

二〇〇四年十月四日

アシジの聖フランチェスコの祝日

ニューメキシコ州マドリッドにて

ジョン・ディア

目次

＊本書の聖書引用は『聖書　聖書協会共同訳』（日本聖書協会）に基づく
＊〔　〕は訳者による注である

装丁原案・桂川　潤
装丁・デザインコンビビア

はじめに

平和を憎む者と共に
私の魂が久しくそこに住むとは。
私が平和を語っても
彼らはただ戦いを好む。（詩編一二〇・六―七）

一九四五年八月六日、原子爆弾が戦争で初めて使用されたその日、平和をつくること《ピースメイキング》がそれまで持ち得なかった意味を持つことになった。それは人類を集団自殺から救うという務めだ。一九四五年八月六日、キリスト者たちがタボル山におけるイエスの変容を祝っているそのときに、一閃の光によって核時代が始まったのだ。その光はヒロシマを焼き尽くし、十二万五千人の住民の命を奪ったのだった。その日、平和をつくる人々への祝福が、私たちの時代への祝福となった。ヒロシマへの爆弾投下とそれに続く核軍拡競争によって、平和をつくることがキリスト者の中心的な務めとなった。私たちが今すぐなすべき務めは、神への礼拝、福音の伝道、分裂した教会間の和解、世界に広がる貧困と飢餓の緩和、人権の擁護など、ほかにもたくさんある。だがこれらはすべて、こうした務めの前に立ちはだかる務めと密接に関連している。その務めとは、平和をつくることだ。今日において平和をつくることは、人類に未来を与えること、この地球で私たちがこれからも共に生きていけるようにすることを意味する。

山上でイエスが語られた八つの「幸い」はどれも、あらゆる時代のあらゆる人々のためのものだ。だが、そのうちのひとつの言葉がほかの言葉より強く語りかける時代がある。十三世紀にはアシジの聖フランチェスコが、貧しい人々への祝福を前面に押しだした。十九世紀には多くの聖人や幻視家が、心の清さへの祝福に新たな目を向けるよう人々を促した。そして私たちのこの二十世紀は、まちがいなく平和をつくる人々の世紀だ。コヘレトは次のように語っている。「すべてに時機があ（る）。……黙すに時があり、語るに時がある。……戦いの時があり、平和の時がある」（コヘレト三・一、七―八）。今は平和のために語る時なのだ。私たちがこのことを自覚しないのなら、何をするための時機であれ存在しなくなってしまう。なぜなら平和がなければ生命もないからだ。私たちのこの世紀が記憶にとどめられるとすれば、平和のために自身をささげた者ゆえに記憶されることになるのだろう。

平和をつくることがキリスト者であることの一端でしかないなどということは、もはやあり得ない。私はこのことを、これから記す考察のなかで示したいと思う。教会の聖歌隊に参加するというようなこととは、まったく別の話なのだ。平和をつくる者とならずにキリスト者でいることなど、誰にもできない。これは、たまには戦争の防止に関心を向けるべきだと言っているのではないし、平和を求める活動のために自由時間を割くようにしようと言っているのでさえない。私たちは平和をつくる生へと呼ばれているのだ。それは私たちのすること、語ること、考えること、夢見ることのすべてが、この世界に平和をもたらすという関心の一部となった生き方である。「互いに愛し合いなさい」というイエスの言葉がパートタイムの義務ではなく、私たちのすべてをそのために注ぎこむことを求めているのと同じように、平和をつくることへのイエスの呼びかけもまた、無条件で無制限な、妥協のない要求なのである。それはできませんと言って見逃してもらうことは、誰もできないのだ！　この呼びかけは、政治や軍事の専門家や、ビラ撒きやデモ行進、市民抗議活動に専念している過激派だけに向けられているわけではない。どの専門家も過激派も、平和をつくる者となるようにという、キリスト者一人ひとりに向けられた紛うかたなき呼びかけの重みを減じることはない。平和をつくることは、神の民一人ひとりが果たすべきフルタイムの務めなのである。

オーストラリア、アジア、ヨーロッパ、アフリカ、北米、南米のすべてのキリスト者が、全身全霊で平和と取り組むなら、世界はどのように見えるだろうか。若者、中年、老人のすべてのキリスト者が、言葉と行いによって「私たちは平和を望んでいる」と明言するなら、世界はどのように見えるだろうか。プロテスタント、カトリック、正教会のすべてのキリスト者が、心を合わせて平和の君であるイエスを証言するなら、世界はどのように見えるだろうか。意識におけるこのような一致は、何をもたらすだろうか。私たちはそれでもなお、無数の人々が飢えているなか、精巧な死の道具を作るために毎月、数千億ドルを費やすのだろうか。迫り来る大惨事への恐怖を常に抱えて生きるのだろうか。子どもたちをこんな世界に誕生させていいのだろうかと疑問に思う親たちや、年をとるまで生きていられるだろうかと不安に思う子どもたちの話を、これからも耳にすることになるのだろうか。

残念なのは、まるで悪意でも働いたかのように、「平和」という言葉が穢れてしまったことだ。この最も尊い言葉は、多くの人にとって感傷主義、ユートピア的理想主義、過激思想、ロマンティシズム、そして無責任な態度さえ連想させるものとなっている。「あなたは平和を望んでいる」というせりふは、「あなたは夢想家だ」を意味することが多い。平和のための省庁の創設に向けて時間と資金と労力を費やしてほしいという請願をすれば、たいていは鼻先で笑われ、地に足の着いていない者の考えとして請願を一蹴される。トライデント潜水艦の拠点となる港を建設することになれば、多くの人は、新たな戦争の勃発を防ぐことより新しい雇用が生まれることに関心を持つ。

「私が平和を語っても／彼らはただ戦いを好む」〔詩編一二〇・七〕という言葉は、かつてないほど現実となっている。新聞やラジオやテレビは毎日のように、相手に向かって歯を剝《む》きだし、戦いを仕掛け、最強の国家になろうとする、私たちのあからさまな欲望を見せつける。私たちの世界では、真に平和を望む言葉を耳にすることはほとんどなく、たとえそのような言葉が語られたとしても、たいていは信用されない。敵が語ったとすれば、それは「単なるプロパガンダ」だろうと言って片づけられてしまう。「自由」という言葉が自信をもって語られるようになったのとは対照的に、「平和」という言葉はおどおどしながら、時には国や社会への裏切りと思われるのではないか、信用されないのではないかという恐れをもって語られる。

こんなままでよいのだろうか。私たちは進軍の合図となる太鼓の轟きでいつも心をかき乱されなければならないのだろうか。私たちの価値観や生活を守るためにはさらに強力な武器がもっとたくさん必要だと、繰り返し聞かされなければならないのだろうか。一万の戦略核兵器と二万二千の戦術核兵器は、ソ連の主要都市すべてを四十回以上破壊するのに十分だが、それでもまだ足りないという心穏やかならぬ演説に、私たちは耳を傾けなければならないのだろうか。大陸間弾道ミサイルやB52爆撃機、トライデント潜水艦によって壊滅的な打撃がもたらされる可能性を、私たちは常に想定していなければならないのだろうか。さらに、局地的な核戦争でも千五百万人の命が奪われることを容認できるかという議論を、私たちは行わなければならないのだろうか。私たちはこれから先もずっと史上最大の大量虐殺に備えなければならないのだろうか。

私たちはこんなにも長いあいだ、平和を憎む人々と共に暮らしてきた。あまりに長いあいだ、私たちは「地上の王、高官、将校、富める者、力ある者」（黙示録六・一五）によって、自らの無力さを痛感させられてきた。彼らは私たちに、政治的状況は非常に複雑なので、私たちがいかに平和を希求しているかについて意見を述べることなどできないのだと言い聞かせ、防衛のための技術は非常に高度なので、私たちには実際は理解できないのだと思いこませようとしたのである。戦争を望み、自分たちの知性が生み出した悪魔的産物が使用されるのを見たいと願う人々について、私たちはあまりに長いあいだ沈黙を保ってきた。だが私たちが「私たちは平和を望んでいる、私たちは平和を望んでいる」と声をあげれば、その言葉はいかにも無能に響き、あまりに単純、世間知らずであるかのように聞こえる。戦争と平和の問題についての洗練された議論はあまりに複雑すぎて私たちには理解できず、自分が無力で役立たずであるような気にさせられる。

だが真理とは、つまるところ単純であるにちがいない。言葉をつなげたりバラバラにしたりしたＭＡＤ（相互確証破壊）、ＭＡＲＶ（機動式再突入体）、ＭＸ（実験的ミサイル）のような用語を含めた、戦争を引き起こそうとする複雑な文法は、次のように語る者の顔を巧妙に隠そうとする覆いにすぎない。「心を尽くし、魂を尽くし、力を尽くし、思いを尽くして、あなたの神である主を愛しなさい、また、隣人を自分のように愛しなさい」（ルカ一〇・二七)。これは単純ではあるけれども、実現するのが難しい真理だ。常に注意を怠らず、強い意志を保ち、実行することが求められる。この難しい真理である平和の真理は、勇気と知性と柔和さと愛をもって、まっすぐに繰り返し語られ、生きられなければならない。

このテーマについて書くことはとても難しい。平和について語り書くことに対して、私は長いこと自分のなかで強いためらいを感じていた。あまりに長いあいだ、抗議活動や平和運動を血気にはやる反抗心や反愛国精神の表現として見ていたので、「私は平和を望んでいる」と公言するのが憚られたのだ。このためらいの原因の大部分は、オランダ軍で過ごした日々にさかのぼる。私は神学校にいたので兵役を免除されていたが、神学生もほかのオランダ人男子と同じ経験――自国のために二年間、制服を着て軍務に就く――をするべきだと感じていた。そこで私は軍のチャプレンになることを志願し、基礎的訓練を受け、軍の精神衛生チームの司祭・臨床心理士として働くことになった。そこで過ごした日々は、とてもよい思い出となって私のなかに残っている。私は「チーム精神」を存分に味わい、志願しなかったなら出会わなかったはずの人々と知りあい、心理学について多くを学び、自分が役立っていることを感じ、神学校での六年間で得た友人たち以上に親しくつきあえる友人ができた。

良心的兵役拒否者になることは、ある種の小さな教派では理解を得られただろうが、「普通の」カトリックやプロテスタントでは不自然なこととされていた。自分の国を守ることは立派なことであり、「一人前の男」ならその義務から逃れるべきではない、と考えられていた。それに、私は制服が気に入っていた。司祭のローマンカラーと黒スーツより、はるかに見栄えがよかったのだ！　しかしその後、ベトナム戦争のときに私はアメリカにいた。私が個人的に親しくしていたある将校は、兵役を続けることを拒否し、刑務所に送られる危険をおかしたが、彼とつきあううちに私の態度は徐々に変わっていった。アメリカがベトナムに介入することに反対する人々は、もはや自分勝手な臆病者やセンチメンタルな夢想家と見なされることはなく、戦争が道徳や法や正義に背くことに気づき、自らの確信に基づき勇気をもって行動する人々である、と見なされるようになっていた。戦争に抵抗する人たちのカウンセリングに携わっていたころ、私はオランダ軍のチャプレン事務所から一通の手紙を受け取った。ユリアナ女王が私の働きを喜び、私を女王陛下の軍〔オランダ軍〕の少佐（予備役として！）に昇進させてくださるというのだ。この手紙を読んだとき、私は戸惑いと誇りの混ざりあった気持ちになった。

しかし、私が平和運動に参加するのをためらった理由は、オランダ軍での経験だけではない。一九六〇年代の反戦集会でよく見られたスタイル、言語、振る舞いを見ているうちに、反戦運動の価値を疑うようになっていたのだ。平和活動家たちのあいだに生じる多くの対立や分裂を見て嫌気がさし、軍務に就くことによって自国に仕える人々の潔癖さ、秩序正しさ、自制心、ひたむきさへの敬意を新たにしたのだった。核兵器を製造し、所有し、使用することの非道徳性を強く確信するようになった現在もなお、私は平和のために語り行動することに緊張をおぼえずにはいられない。特に、一緒に活動する相手のスタイルやイデオロギー、戦略がまったく自分と異なる場合は、ひどく神経質になってしまう。

しかしこのような思い出や感情すべてをもってしても、平和のために力を尽くすことはすべての人の使命であるという真理を損なうことはない。私たちにはイデオロギー、人種的背景、宗教的関わり、社会的条件、そして「好みとやり方」に至るまでさまざまな違いがあるが、それにもかかわらず、これが私たちの使命であることに変わりはない。イエスは言われた。「平和を造る人々は、幸いである／その人たちは神の子と呼ばれる」(マタイ五・九)。この言葉は、もはや私たちキリスト者の意識の奥底にとどまっていることができない。この言葉は、強い切迫感をもって私たちの生のただなかに入りこんできたので、私たちは確信するようになった。「私たちは平和を望んでいる」とみなで声をあげるのは今だ、今この時なのだ、と。

現代のキリスト者は、キリスト者でありたいと願うなら、「平和」という言葉を「自由」と同じぐらい重みのあるものとする勇気を持たなければならない。この世界に住む人々にとって、キリスト者が平和をつくる者であることは疑いの余地がないはずだ。

私がこのことをこれほど単刀直入に言うのは、キリスト者たちをしばしば分裂させている多くの問題に気づかずにはいられないからだ。「正義の戦争」論を唱える人々がいる一方で、平和主義を掲げる人々がいる。非暴力、良心的兵役拒否、市民としての抵抗といった重要な問題について、多くの本や記事が書かれている。議論が進むにつれてキリスト者のあいだでの対立が収まっていくことを、私は願っている。だが、これらの問題に対する意見の相違のせいで、神の民が説得力をもって平和を明確に証しすることが妨げられているとすれば、それはとても残念なことだ。今日、平和をつくることが緊急の課題であることを考えれば、私たちが霊的に一致して語り、行動することは可能なはずだ。もちろんその方法についての具体的な問題の多くはさらに議論が必要だろうが、本書ではそのことには触れず、世界の破滅を避けるために私たちが今、共に語り行動する力を与えてくれるものは何か、それについて考えていきたい。

私はここで次のように述べた。「平和をつくることはキリスト者の召命の核心にある」「平和をつくることはすべてのキリスト者にとってフルタイムの課題である」「平和をつくることは私たちの世紀においてすべてのキリスト者の最も緊急の課題となっている」。これらの言葉は、平和をつくりだすための霊性を養い深める手助けをしたいと私が願う理由となっている。

キリスト教の伝統の視点から、私はこれまで語られてこなかったことは何も語らないつもりだ。平和をすぐにでもつくりださなければならないという視点から、私はまったく新しいことを語るつもりだ。したがってこれから記す省察は、ほとんど何も要求しないものであると同時に、多くを要求するものともなる。私は、特定の組織やプロジェクトに関わることを求めているわけではない。また、職場や家庭での生活のなかで特定の変化を求めているわけでもない。だが、私たちの語ること、考えることのすべてが平和をつくる者になるという緊急の務めの一部となるように、私たちの存在全体の回心を求める。このような回心は、確かに私たちを変化や特定の行動に導くことがあるが、まったく新しい道をたどりつつ、それまでと同じ生活を送ることをも可能にする。

私は誰に向けて書くのだろうか。平和をつくる者になりたいと願うすべての人に向けてである。あなたが農場に住んでいても高層ビルに住んでいても、工場で働いていても大学で働いていても、観想修道会で隠れた生活を送っていても街中で人々の目に触れる生活を送っていても、そうしたこととは関係なく、すべての人に向けて書いているのだ。平和をつくる務めは、いかなる計画や職業や才能によっても制限されてはいない。愛するという務めと同じように、すべての人が呼びかけられているのである。私はこれをおもにキリスト者に向けて書いてはいるが、それ以外の人々も、平和をつくる人になるようにという、すべての人に向けられた呼びかけに気づいてほしいと願っている。私はとりわけ、特定の友人たちに宛てて書いている。それはここ数十年のあいだに知りあい、深く愛するようになった人たちだ。そのなかには、自分の家族やキャリアや移動の自由を犠牲にして、平和をつくる活動に徹底的に身を投じた友人がいる。また、平和をつくるための観想生活に身をささげた友人も何人かいる。友人たちの多くは、平和のために働くにはどうしたらよいのか、今も自分の道を模索している。彼らの誰もがこの小さな本の一部なのだ。私の人生における彼らの存在が、これらの省察を具体的で明確なものにし、平和のための苦闘のただなかにいる人だけではなく、今も戸惑いつつ遠く離れて立っている人にとっても、その心に響くものとしてくれるだろうと信じている。

平和をつくることについてのこれらの省察を、私は祈り、抵抗、共同体という三つのテーマに沿って展開した。悪に抵抗し、互いに愛しあって生きるために、私たち誰もが祈らなければならないことは、別に耳新しいことではないだろう。このことを何らかの形で語っていない霊的書物など存在しないと言ってよいほどだが、私はこれを敢えてもう一度言いたい。自滅の時を見据えざるを得なくなった世界、もはや平和か戦争かではなく、平和か歴史の終わりかの選択となってしまった世界を背景として、これを言いたいのだ。このような世界にあって、古くからなされてきた祈りと抵抗、共同体への呼びかけは、真に新しい呼びかけとなる。

第一章　祈り

私が主に願った一つのこと
私はそれを求め続けよう。
命のあるかぎり主の家に住（むことを。）……
災いの日に、主は私を仮庵に隠し

幕屋の隠れ場にかくまい
大岩に高く引き上げてくださる。
今や、私の頭《こうべ》は群がる敵の上に高く上げられる。
主の幕屋で歓声をいけにえとして献げ
主に向かって歌い、ほめ歌を歌おう。（詩編二七・四―六）

あなたはどこにいるか

平和をつくる人は祈る。祈りは平和をつくるあらゆる働きの始めにして終わり、源にして結果、芯にして実、基盤にして到達点である。私はこれを何の弁明もなく言う。そうすれば事の核心にすぐさまたどり着けるからだ。その核心とは、平和は神からの贈り物、私たちが祈りのなかで受け取る贈り物であるということだ。

イエスは別れの説教のなかで弟子たちにこう言われた。「私は、平和をあなたがたに残し、私の平和を与える。私はこれを、世が与えるように与えるのではない」（ヨハネ一四・

二七）。私たちは誰かと和解しようとするとき、何よりもまず平和を憎む人々のいる場所を離れ、ご自身の平和を与えてくださる方の家に入る。こうして新しい住まいに入ることこそ、祈りなのである。真に問うべきは「あなたはどこにいるか。あなたは誰に属するのか。あなたの家はどこか」ということだ。祈りは主の家に住むことである。「災いの日に、主は私を……かくまい」、その家で「私の頭は群がる敵の上に高く上げられる」（詩編二七）。私たちはまず、破滅の日とすべてのものの終わりの準備をしている者たちに誘惑されないようにしなければならない。イエスは言われた。

二日酔いや泥酔や生活の煩いで、心が鈍くならないように注意しなさい。さもないと、その日が罠のように、突如あなたがたを襲うことになる。その日は、地の面《おもて》のあらゆる所に住む人々すべてに、襲いかかるからである。しかし、あなたがたは、起ころうとしているこれらすべてのことから逃れて、人の子の前に立つことができるように、いつも目を覚まして祈っていなさい。（ルカ二一・三四―三六）

絶えず祈ることは、平和をつくるための第一の局面である。時間的にも空間的にも生活の煩いから離れるのが難しい私たちにとって、これは具体的に何を意味するのだろうか。この問いに答えるために、「生活の煩い」が私たちをどのように窒息させているかを、まず探ってみよう。そうすることによって初めて、回心をもたらす祈りの力と、平和をつくるうえで祈りが担う大きな役割を知ることができるだろう。

傷と欲求

人間の言動を考えるとき、私たちがどれほど自分の欲求を満たそうとしているかに圧倒される。私たちはいつも何かを欲しているのだ。自分に注意を向けてほしい、愛情を注いでほしい、影響力や権力を持ちたい。そして何より、価値のある人間と思われたい。私たちがあることを行い、語り、考えるのはなぜか、その理由を嘘偽りない心で探ってみるならば、私たちは気づく。私たちの最も思いやりに満ちた行為、言葉、空想さえも、恐ろしいことに、これらの欲求と深く関わっているのだ。

私たちはある友人を慰めにいくとき、自分が訪ねていくことを相手がありがたく思ってくれるのではないかと考えている自分に気づく。世界の飢餓や抑圧と闘うために時間とお金を費やすとき、他人から一目《いちもく》おかれ賞賛されたいという気持ちが自分のなかに潜んでいることに気づく。助けを求めてやって来る相手の話に耳を傾けるとき、刺激を求める心と好奇心の罠にはまってしまっている自分にしばしば気づく。それどころかイエスのへりくだりと忍耐を熱く確信をこめて語る場合さえ、私たちは自分が注目の的となりたいという強い欲求から逃れることができない。このように、私たちの行いの多くは、それがいわゆる「よい行い」と呼ばれるものであってさえ、自分の主張を押し通したい、世の人々に自分を知ってほしい、自分の存在を認めてほしいという願いから——おそらくは無意識のうちにではあるが——生じた試みなのだということを、私たちは告白せざるを得ない。これは罪人《つみびと》たちの善であり、イエスはそれを厳しく批判している。

自分を愛してくれる人を愛したところで、あなたがたにどんな恵みがあろうか。罪人でも、愛してくれる人を愛している。また、自分によくしてくれる人によくしたところで、どんな恵みがあろうか。罪人でも同じことをしている。返してもらうことを当てにして貸したところで、どんな恵みがあろうか。罪人でも、同じだけのものを返してもらおうとして、罪人に貸すのである。（ルカ六・三二—三四）

すべてのよい行いに値段がついている、この奇妙な道徳上の取り引きを乗り越えることは、なぜこんなにも難しいのだろうか。私たちの欲求がしばしば、最も利他的なふるまいさえ台無しにしてしまうのはなぜか。愛情や注目、影響力、権力への私たちの欲求は、しばしば深いところに隠れた非常に古い傷と結びついている。これらの傷は、誰かから嫌われた経験や正しく評価されなかった経験、あるいは拒否までされた経験によってもたらされたのかもしれない。過去の具体的な出来事やおぼろげな記憶、漏れ聞こえてきた他人の会話と結びついているかもしれない。自分の家族や先生、あるいは友人たちと結びついているかもしれない。自分に固有のものかもしれないし万人に共通のものかもしれない。だがとにかく私たちはこれらの傷のせいで、自分は本当に存在する価値があるのだろうかと自問せざるを得なくなる。自分自身の価値に関するこの根本的な内なる疑いこそ、私たちを自尊心の探求に突き進ませるが、この探求はあまりに懸念に満ちているので、つい自己中心的になりやすいし、時には破壊的にさえなりかねない。

貪欲、暴力、強姦、拷問、殺人、見境のない破壊行為などの立てる物音に耳を傾けると き、世界のあらゆる片隅から、長く引きのばされた嘆きの声が聞こえてくる。これは深く傷つけられた人々の嘆きの声——もはや安住の地を見出すことができず、愛と慰めを必死に求めて地上をさまよう人々の声だ。

傷と結びついた欲求を簡単に説明することはできない。私たちはよく、問題の原因となっていると考えられる相手を指さして非難したり、あることについて相手が別のやり方や言い方をしてさえいれば事態は違っていただろうと思いこんだりするが、私たちは、自分の記憶や願望が及ばないほど長く伸びた、傷と欲求の連鎖の一部なのである。愛されたいという私たちの飽くなき欲求は、幼少時の拒絶された経験と結びついているかもしれない。しかし私たちの両親も、やはり傷と欲求の連鎖と無縁ではなかったのではないか。傷と欲求の連鎖は両親の両親や祖父母を経て、過去の最も隠れた片隅にまでさかのぼるのではないか。そして自分自身に目を向ければ、私たちは、子どもたちや友人たちの目に欠点のない人間と映りたい、彼らを傷つけたくない、自分の苦しんだ痛みを彼らから遠ざけておきたいという、強い望みを抱いているかもしれない。それでも結局、私たちは苦々しい現実を認めざるを得なくなるだろう。彼らもまた自分が傷ついたと感じ、私たちが差し出すことのできない愛を求めて生きていかなくてはならないのだ、と。そしてその愛の探求は、未来の果てまで続くのだ、と。これは人間のあいだに蔓延している悲劇である。この帰るべき家を失った経験の悲劇は曲がりくねりながら歴史を貫き、終わりがないかのように見える人間同士の対立は、怒りというさらに破壊的な道具を手にしつつ、各世代から次の世代へと引き継がれていく。傷と欲求との悪意に満ちた繰り返しは、「平和を憎む者」の領域をつくりだす。それは悪魔の住む場所だ。そしてその場所は、私たちがみな傷つき欲求を抱えているというまさにそのことゆえに、私たちを誘いこもうとする。

神の名において行っていると考えている奉仕が私たちの傷と欲求に動機づけられていて、その結ぶ実が平和ではなく、恨みや怒り、時には暴力にさえなるかもしれないと知ることは、大きな衝撃ともなるだろう。悪魔の最も安全な隠れ家は、私たちが神の国のために最も力を尽くしている場所であるというのは、大きな皮肉だ。「ほえたける獅子のように、誰かを食い尽くそうと歩き回って」いる敵（Ⅰペトロ五・八）は、私たちが敵である悪魔の存在などまったく予期していない時に、まったく予期していない場所で大勝利をおさめることが多い。私たちはこのことを真剣に考えなければならない。日々の生活のなかで対立や争いという闇の働きを見ることができなければ、私たちは新聞の紙面を日々埋めつくしている残忍な行為、拷問、大量殺戮を、決して十分に理解することができないだろう。神の名は多くの悪魔的行為に用いられる。それは悪魔がその正体を隠す最も安全な仮面だからである。私たちは平和をつくる者でありたいと願うならば、その仮面を常に剝《は》ぎとらなければならない。私たちの周囲にある闇の力を見つけだすのは簡単かもしれないが、その同じ闇の力を自分自身の「よい働き」のなかに見つけだすのは非常に難しい。平和のための活動の動機は、そのために仕えたいという真の情熱よりも、自己不信、焦燥感、ひとり取り残されることへの恐れ、承認欲求、名声や人気を得たいという望みが勝っていることが多い。これらは私たちの平和を求める活動のただなかに、争いの諸要素をもたらすのだ。

平和のために働いているときさえ、自分の手もやはり汚れているのだと繰り返し告白することを厭わないならば、そのときだけ、私たちは平和をつくることの難しさを十分に理解することができる。

神に仕えるという名目のもとで多くの残酷で非人間的な行為が行われていることは、霊的に見て大きな悲劇だ。ヒロシマ上空で原子爆弾が予定どおり炸裂したのち、トルーマン大統領は次のように書いた。「われわれはそれ（原子爆弾）が……われわれの側にもたらされたことを、神に感謝する。そしてわれわれがそれを、神ご自身のやり方で神ご自身の目的のために用いるべく導いてくださるようにと、神に祈る」。グアテマラでの出来事もまた、忌まわしい一例だ。エフライン・リオス・モント将軍は一九八二年三月に権力を掌握したとき、自らを熱心なイエスの信奉者であると名乗った。七か月後には、二千六百人のグアテマラの農民が――男も女も子どもたちも――殺されていた。原子爆弾を投下した者や無実の先住民たちを殺した者をサイコパスだったと見なすことはできない。彼らのような者たちの多くは、キリスト者の家庭で生まれ育った普通の人間だった。彼らは自分のやっていることが自国に仕えるという聖なる義務、神を畏れる大統領に従うという務め、そして神から与えられた使命とまで信じるように育てられたのである。

こうして私たちは、いわゆる「よい働き」と、爆弾を落としたり大量虐殺を行ったりした者たちのやったことが必ずしも正反対ではないという、苦々しい現実に直面する。これらの行いはすべて、悪の広範なスペクトルのなかに含まれる。私たちの傷と欲求は、ヒロシマに爆弾を落とした者やグアテマラで殺人や拷問を行った者の傷と欲求とは違うと私たちは思いたいが、実はそれほど違わないのだ。戦争の背後にある傷と欲求を私たちは非難するが、私たちはその傷と欲求を人類全体で共有している。次から次へと戦争をひき起こす闇の力は、私たちにも深く刻みこまれているのだ。私たちもまた、私たちが抗議している悪の一部なのである。

私たちはここに人間の真の罪深さをかいま見る。罪は私たちのなかにあまりに深く根を下ろしているので、罪は私たちの生全体にくまなく広がる。現代の「普通の」人間が男や女や子どもたちを無差別に殺せるのだから、無数の人々を焼きつくすことができるとされる世界規模の大量殺戮の共犯者に、私たちがなれないはずがあるだろうか。私たちも「従順」のうちに行動し、自分はキリスト教の価値観を擁護するためにこうしたことをしているのだと主張するのだ。

となれば、平和を憎む者たちの住まいとはどこなのだろうか。それは私たちにとって馴染み深いこの世界——平和が嘲られ、個人や集団、国家の傷と欲求とが絡みあって、平和よりも戦争を選択し続けてしまいがちな、この世界である。

この暗く恐怖に満ちた状況に抗するために、平和をつくる働きの第一の特徴として、今すぐにも祈りが必要であると私は主張したい。

新しい言語

祈りの生活への招きは、傷と欲求の網に絡めとられることなくこの世界のただなかで生きることへの招きである。傷と欲求との絡みあいに依存した考えや行動は、暴力と争いへとつながっていくが、「祈り」という言葉は、この悪意に満ちた連鎖を根本から断ち切ること、まったく新しい住まいに入っていくことを意味する。それは話すこと、呼吸すること、共にいること、知ることの新しい方法——つまり、まさにまったく新しい生き方を指し示す。

祈りが指し示す根本的な変化を表現するのは難しい。なぜなら多くの人にとって、「祈り」という言葉は敬虔さを連想させるからだ。神に話しかける、神について考える、朝晩の礼拝に出席する、日曜日の礼拝に行く、食前の祈りをする、などの敬虔な行いだ。これらはみな祈りと関係しているが、平和をつくる基盤としての祈りについて私が語る場合、それは何よりもまず「平和を憎む者の住まい」から出て神の家に入ることを意味する。祈りはキリスト者の生活の中心である。それだけが必要なこと（ルカ一〇・四二）なのである。それは今ここで、神と共に生きることだ。

福音書を読むと、新しい住まいと関連したイメージが多く用いられていることに驚く。このようなイメージから、平和をつくる人といえば平和の住まう新しい住まいを見つけた人が思い浮かぶ。そしてその住まいから、平和が世界にもたらされるのだ。福音書記者ヨハネはイエスを、この世に来て私たちのあいだに宿った神の言葉（ヨハネ一・一四）として描いている。また、最初の弟子たちが初めてイエスと出会ったとき、「先生、どこに泊まっておられるのですか」とたずね、イエスは彼らをその家に招いたと書いている（ヨハネ一・三八―三九）。ここでわかるように、イエスに従うとは場所を移動すること、新しい世界に足を踏み入れ、新しい仲間と生きることだ。福音書を読み進めるうちに、このことの意味全体がだんだん明らかになっていく。イエスはご自分に従う者を、ご自分と共に生きることができるように同じ家に招くだけではない。イエスご自身が家なのである。

死の前夜、イエスは友人たちに言われた。「私のなかに住まいなさい。私もあなたがたのなかに住まうように。……私のなかにとどまり、私と共に父のなかにとどまる人はだれでも、豊かに実を結ぶ」（ヨハネ一五・四―五、原著の訳）。この神の住まいは、敵意に満ちた世界のなかで、私たちが狼の群れのなかの羊のように、平和をつくる者として生きることを可能にする。イエスはご自身を信じる者たちが生きていかなければならない世界の本質を知りぬいておられたが、それでもその別れの言葉のなかで、彼らは平和と共に生きることができると断言された。

人々はあなたがたを会堂から追放するだろう。しかも、あなたがたを殺す者が皆、自分は神に奉仕していると考える時が来る。彼らがこういうことをするのは、父をも私をも知らないからである。……これらのことを話したのは、あなたがたが私によって平和を得るためである。あなたがたには世で苦難がある。しかし、勇気を出しなさい。私はすでに世に勝っている。

（ヨハネ一六・二―三、三三）

これらの言葉は、祈りがどれほど平和をつくる働きの土台となり核となるかを、力強く示している。たとえ対立や争い、拷問、死に囲まれていても、個別の破壊行為や集合的な破壊行為に脅かされていても、私たちは平和を憎む者たちの住まいに住むことを強いられてはいない。祈りは新しい家に属する新しい言語なのである。

聖書に描かれている新しい住まいのイメージは、滅亡の危機に脅かされている世界に住む私たちに何を語ることができるのか、さらに詳しく見ていきたい。戦いを望む人々の家が恐怖に支配された家であることを理解するのは、難しくない。イエスが語った終末の描写の最も印象的な特徴は、身のすくむような恐怖だ。人々は恐怖のあまり分別を失い、四方八方に走っていく。すっかり混乱した人々は、彼らを取り巻くカオスに呑みこまれていく。「そして、太陽と月と星に徴《しるし》が現れる。地上では海がどよめき荒れ狂う中で、諸国の民は恐れおののく。人々は、これから世界に起こることを予感し、恐怖のあまり気を失うだろう。天の諸力が揺り動かされるからである」（ルカ二一・二五―二六）。このような混乱の時にとるべき態度として、イエスはご自身に従う人々に、心を静め、疑いを抱かず、穏やかな心で神に信頼しなさい、と助言を与えた。イエスは彼らに、パニックをまき散らす者に従ってはならない、救い主を自称する者の仲間に加わってはならない、戦争や革命が起こるという噂におののいてはならない、そうではなく「身を起こし、頭を上げなさい」（ルカ二一・二八）と言われた。

パニック、恐怖、不安は平和をつくる働きの一部ではない。これは明らかなことのように思えるが、世界戦争の脅威と闘っている人々の多くは、自分自身が恐怖によって動機づけられているだけではなく、他の人々が活動に加わるのを促すためにも恐怖を利用している。恐怖は、平和をつくる働きにおいて最も誘惑となる力だ。軍拡競争の話や、核戦争が勃発した場合に起こる一連の出来事はあまりに恐ろしい。そのため私たちは、自分が恐怖に駆られて平和の提唱者になったのと同じように、他の人々にそれを促すためにも恐怖を利用しがちだ。多くの映画、スライド、写真集は、人々に衝撃を与え、その心と思いを変化させようという明らかな意図をもって作られている。この世界のなかで悪魔的な力がどのように働いているかについて、私たちは非常に具体的に知らされる必要があるが、それによってただ恐怖が増すだけであれば、その悪魔的な力に容易に呑みこまれてしまうだろう。平和をつくる働きが恐怖に基づいているとき、それは争いをつくりだす働きとあまり違いがない。平和をつくる人々の言葉遣いは、争いをつくりだす人々の言葉遣いとは異なるかもしれないが、争いをつくりだす人々と同じ言語を語っているかもしれない。彼らは争いを欲する人々の戦略に捕らわれたままだからである。

平和をつくることは愛のわざだ。そして「愛には恐れがない。完全な愛は、恐れを締め出す」（Ⅰヨハネ四・一八参照）。平和をつくることにおいて何よりも大切なのは、それが深く、紛うかたなき愛の経験から溢れ出た働きであることだ。自分が愛されていることを心の奥底から知っていて、その愛のなかで喜んでいる者だけが、真に平和をつくることができる。それはなぜだろうか。愛されていると身をもって知ることによって私たちは自由にされ、死を超えた先に目を向け、平和のために恐れることなく語り行動することができるようになるからである。祈りとは、そのような愛の経験へと至る道なのだ。

祈りとは、私たちが愛せるようになる前に私たちを愛してくださった方との交わりに入ることである。祈りのなかで見えてくるのは、「神がまず私たちを愛してくださった」（Ⅰヨハネ四・一九）という、この初めの愛だ。神の家に入りこめば入りこむほど、そこで語られる言語は祈りであるゆえに、私たちは周囲から受ける非難や賞賛に惑わされなくなる。そして自分の存在が丸ごと、その初めの愛で満たされるがままになっていく。私たちは、他人が自分のことをどう言っているか、どう考えているかを気にして、よい評価を得られる行動をとろうとしているうちは、私たちを取り巻く闇の世界の犠牲者であり囚人である。その闇の世界において、私たちは周囲から自分の価値を知らせてもらおうと躍起にならずにはいられない。それは成功と失敗、勝利と敗退、賞賛と非難、スターたちと負け犬たちの世界だ。この世界では、私たちはすぐに傷ついてしまい、その傷を埋め合わせるためになんらかの満足を得ようとすることが重視される。そんな世界に支配されている限り、私たちは闇のなかで生きている。本当の自分を知らないからだ。私たちは偽りでしかない自分にしがみつき、もっと成功をおさめることができれば、もっと賞賛を浴びることができれば、もっと満足を得ることができれば、愛されていると感じられるようになるのではないか——それこそが私たちの願ってやまないことだ——と考える。実はこの考え方が、恨み、貪欲、暴力、戦争の温床となっているのである。

しかし祈りのなかで、私たちが探し求めている愛はすでに与えられていること、その愛を経験できることを、私たちは繰り返し知らされる。祈りとは、愛をもって、ただ愛だけをもって母親の胎内に私という存在を形づくってくださった方との交わりに入ることである。その初めの愛のなかに、私たちの本当の自分が存在する。共に暮らす人々からの拒絶や受容によってできている自分ではなく、私たちをこの世界に存在させてくださった方のなかにしっかりと根を下ろしている自分なのである。神の家のなかで私たちはつくられた。その家に、私たちは帰るよう招かれている。祈りは「帰る」という行為なのだ。

祈りは平和をつくる働きすべての土台である。まさに祈りにおいてこそ、私たちは紛争と戦争がはびこる世界にではなく、私たちにご自身の平和を与えてくださる方に属しているのだと知ることができるからだ。私たちがこの世界で平和を語ることができるのは、自分自身をこの世界につなぎ留められていない者と考えることができるときだけだ。これこそが、平和をつくりだすことのパラドクスである。「私たちは平和を求める」と言えるのは、争いを求める者たちが私たちに力を及ぼすことができないときだけだ。私たちが平和の君の証人となれるのは、私たちが彼に、彼にのみ信頼を置くときだけだ。つまり、私たちがこの世界に存在できるのは、もはやこの世界に属していないときだけなのである。争いをつくりだす者たちの世界のなかで平和をつくる者として存在するために、その世界から抜け出ることとは、十字架の道であり、イエスがその道を私たちに示してくださった。それは古い自分に対して死ぬという回心の長い道のりだ。平和のためになすあらゆることへのこの世的な賞賛に一喜一憂してしまう古い自分に対して、時間がどれだけかかっても死んでいかなければならない。平和をつくることの意味は、平和の家に住むことによってしか知ることができないのである。

こうしたことは、私たちが取り組んでいかねばならない日々の具体的な問題から、あまりにかけ離れているように聞こえるかもしれない。だが、決してそんなことはない。祈りの言語と祈りの道に対して自分自身を開くことによってのみ、私たちは自分のやっていることの統一感を失ったり怒りを抱いたりすることなく、障害や要求や日々の務めに対処できるようになるのだから。祈り――神の御前で生きること――は、想像しうるなかで最も根源的な平和のための行動なのである。

祈りという行動

祈りと行動とはまったく別なものだと考える人は多い。彼らはこう言ったり考えたりする。「確かに、祈りは行動を起こすための準備となるかもしれない。行動に正しい道筋を与えたり、行動がうまくいったことを感謝したりする方法になるのではないだろうか。でも祈りそれ自体は、行動とはどこか違う」。このような考え方は、祈っても実際にはほとんど何も起こらない、だから祈りは、完全なる時間の無駄や現実逃避ではないにしても、せいぜい次善の策でしかない、という思いこみに基づいている。しかし、祈りは平和をつくるための本質に属するものであり、行動のための準備や支えや事後の感謝というだけではなく、祈りそのものが平和をつくる働きである、と考えようとするなら、私たちは実用主義《プラグマティズム》のこの世的「教義」に、激しく対抗しなければならない。これはとても重要な闘いだ。なぜなら、この闘いは新しい考え方を可能にするからである。核の脅威が迫るなか、平和をつくることが急務となったこの時代に、この新しい考え方はとりわけ必要とされている。こうした緊急性に気づくと、私たちは自暴自棄に陥りやすい。「もう祈ってなんかいる場合じゃない。行動しなくては」。しかしこのような態度は、イエスの次の助言とはまったく逆だ。「あなたがたは、起ころうとしているこれらすべてのことから逃れて、人の子の前に立つことができるように、いつも目を覚まして祈っていなさい」(ルカ二一・三六)。

　本当の自分を見つけるのは祈りにおいてであり、祈りを通してであると気づくならば、私たちは祈りがもつ、平和をつくる特質をすでに目にしているのだ。私たちは祈るとき、賞賛と非難の牢獄から逃れ出て、神の愛の家に入る。この意味で、祈りは殉教の行動と言える。私たちは祈りのなかで、傷と欲求から成る自己破壊の世界に対して死に、キリストの癒やしの光のなかに入るのだ。

私は、フローリス・バーケルス〔Floris Bakels，一九一五―二〇〇〇年、オランダで戦前は弁護士、戦後は作家として活動〕がドイツの強制収容所での経験を語っているなかに、行動としての祈りの力の示された例を見つけ、非常に感動した。教養豊かで洗練されたオランダ人弁護士バーケルスは、祈りが自分を、霊的にだけではなく、精神的にも肉体的にも救ってくれたと語っている。なぜ、それが可能だったのだろうか。祈りは彼にとって死と再生のプロセスであり、周囲で何百もの人々が飢えで死んだり、拷問を受けたり処刑されていくなかにあっても、希望と思いやりをもって生きていくことを可能にしてくれたという。

バーケルスは自分を宗教的な人間であると考えたことはなかった。しかし驚いたことに、死に瀕した友人たちに応じるなかで、「神、イエス、福音」について語っている自分に気づいたという。そして自分自身と相手のなかに、この世のものではない平和を見出した。バーケルスにとって、自分に何が起こっているのかを把握するのは難しかった。しかし三十四年後、彼はこう書いている。

私はあることを考えていたが……それを表現するのは難しい。……ふたたび生まれることは、私にとってもやはり死ぬことが前提となる。古い人が死に、新しい人が生まれる。……しかしこうして古い人が去っていくことは……途轍もない悲しみだ。「神へと向かう悲しみ」、世の悲しみ――過ぎ去っていくもの、消えていく世界、すべてを手放すことへの悲しみ……。私にはこの世界への強い執着があることに気づくようになった。しかしすべてから遠ざかっていくこのプロセスのなかで、この世界の美しさに対する賞賛が増していった。それは胸が張り裂けるような痛み、大きな陣痛だった。どうしたらいいのだろう？　愛はどうなるのだ？　ある女性への愛、妻への愛、家族への愛、蝶への愛、海や川、森への愛は……？　この地球の生きとし生けるものたち。その溢れるばかりの生命は、なんと魅力に満ちていることか……。私はその生命にあまりに執着しすぎていたのだろうか。永遠の光がゆらめくもとで、私は新しいプロセスを開始した。古い人を横たわらせ、別れを告げる。この世から去っていく。生命そのものにも、もはやしがみつかないようにする……そして……新しい人を着たいと願う。静かな炎になりたい。自分の惨めな肉体を忘れて、空高くのぼっていきたい。私をつくった「力」のもとへ帰りたい……いや、うまく表現できない。……だが、自分がすべきただひとつのことはわかっていた。すべてをその方に委ねることだ。

フローリス・バーケルスはここで、祈りの核心が行動であると表現している。それは死んでふたたび生まれるという行動、慣れ親しんだ家を離れ、私たちをつくってくださった「力」のもとへ帰るという行動だ。第二次世界大戦の強制収容所は、バーケルスにこの経験をもたらした。以前よりさらに大規模な新しいホロコーストの影がちらつき、世界が徐々に巨大な強制収容所となりつつある今日、このような祈りという行動は、かつてないほど重要となっている。生と死の境界を根本からうち破ることによって、祈りは私たちを自由にし、恐れに圧倒されることなくこの世界のただなかに立たせる。

祈りというものを、神に影響を及ぼす試みであるとしか考えないならば、霊的な核シェルターの探求であるとしか考えないならば、あるいはストレスにさらされているときの慰めの源としか見なさないならば、世界が消滅の脅威にさらされている状況において、祈りはあまり大きな意味をもたない。核によるホロコーストを前に祈りが意味をもつのは、祈りが自分からすべてを――自分の命までも剝ぎとっていく行動であるときだけだ。すべてから完全に自由になって神のものとなるために、神だけのものとなるために、そのような祈りが必要なのである。

私たちがしばしば、祈りたいと心から願いながらも強い抵抗を感じることがあるのは、このためなのだ。私たちは、あらゆる平和の源であり到達点である神に近づきたいと願う。しかし神に近づけば近づくほど、私たちの生活を成り立たせている多くの慣れ親しんだやり方を手放すようにという神の要求が、いっそう強く身に迫ってくるようになる。祈りとは、このように根底から私たちを揺さぶる行動だ。祈りはこの世界における自分の在り方全体を批判的に見るよう私たちに迫る。古い自分を横たえ、新しい自分、つまりキリストを受け入れるようにと要求するのである。

パウロが私たちに、キリストと共に生きるためにキリストと共に死ぬようにと語ったとき、彼の頭のなかにあったのはこのことだった。パウロが次のように書いたとき、彼が証言していたのは、この死と再生の経験だった。「生きているのは、もはや私ではありません。キリストが私の内に生きておられるのです」(ガラテヤ二・二〇)。

こうしたことすべては、軍拡競争をやめさせる活動とどんな関係があるのだろうか。破壊に対する最も強力な抵抗は、あらゆる破壊の基盤となっているものを、つまり自分たちはものごとをコントロールしているという幻想を、明るみに出すことだと思う。結局のところ核兵器の開発競争は、自分たちが所有しているもの、やっていること、考えていることを——どんな犠牲を払ってでも——守りぬかなければならないという思いこみを土台として、進められているのではないだろうか。地球とその文明、そこに住む人類が滅亡に至る可能性が生じてしまったのは、自分たちの運命を——どんな犠牲を払ってでも——コントロールできる状態でいなければならないという思いこみの結果なのではないだろうか。

祈りという行動によって、私たちはこのコントロールの幻想を覆す。祈りという行動によって、自分のものであると思いこんでいる偽りの所有物をすべて手放し、私たちが属している唯一の方である神へと向きを変えるのだ。祈りとはこのように、自分のものであると考えているすべてに対して死ぬ行動であり、この世のものではない新しい存在として生まれる行動なのである。

祈りとはまさに、神のために生きることができるようになるために、この世に対して死ぬことなのだ。

しかし祈りの大きな神秘は、今この世にあってさえ私たちを神の家に導いてくれることであり、それによって神の国で生きることへの期待を呼び起こしてくれることだ。祈りは私たちを、時を超えた神の永遠の命のなかへと引き上げてくれる。

その永遠の命のなかで、滅亡の危機にさらされた世界のただなかで祈ることの意味が見えてくる。祈りという行動によって私たちが第一にすることは、恐怖に駆られて核弾頭や核ミサイル、原子力潜水艦を製造する人々への抵抗ではない。祈りという行動によって私たちが第一にすることは、核兵器の拡散を食い止めようとすることでもない。祈りという行動によって私たちが第一にすることは、人々の考えや態度を変えようとすることでさえない。これらはすべて非常に重要であるし、大いに必要とされていることではある。しかし祈りの第一の働きは、何らかの策を講じることではない。

そうではなくて、祈りという行動は、私たちが弾頭やミサイルや潜水艦に満ちたこの世界に属してはいないという真理を突きつける。私たちはすでにこの世界に対して死んでいるのだから、核によるホロコーストさえ、私たちを滅ぼすことはできない。祈りのなかで、私たちは自分自身でいながら、核による破壊のたどりつく結末を、ひるむことなく乗り越えていく。破壊のさなかにあって、神は生ける者の神であり、いかなる人間の力も神を損なうことはできない、と私たちは主張する。祈りのなかで、私たちは自分自身の死と人類全体の死を予期するが、神にあって死は存在せず、生だけが存在するのだと宣言する。祈りのなかで、私たちは死への恐れから自由になり、それゆえ人間のあらゆる破壊行為の根底にあるものからも自由になる。

これは逃避だろうか。私たちは目の前に立ちはだかる具体的な問題から、逃げているのだろうか。直面している途轍もなく大きな問題を「霊的」な問題と見なし、これほど切迫した問題なのに、まだ時間はあると思いこもうとしているのだろうか。もしも祈りが、いかなる具体的な行動をも避けるための方法となってしまっているのならば、確かにそのとおりだ。しかしもしも祈りが、死と生に関わる現実の行動となっているのならば、祈りは私たちを、行動を起こすべきこの世界のただなかへと導く。

世界に対して死んでいればいるほど、私たちは世界のなかで創造的に生きることができる。偽りの所有物を手放せば手放すほど、私たちは不安と混乱のただなかで生きることができる。そして恐れから解放されていればいるほど、私たちは危険の核心へと入りこんでいくことができる。

このように、祈りはすべての行動の土台であり源である。軍拡競争に対する私たちの抗議活動が祈りという行動に根ざしていないならば、その抗議活動は恐れや常軌を逸した熱情や憎悪に満ちたものに容易に成り下がり、神への信頼というより生存本能を表現しただけのものになってしまうだろう。

だが、祈りという私たちの行動がすべての行動の源であり続けるならば、気が滅入るような時代であっても喜びを失わずにいられるし、絶えず絶望への誘惑に駆られても穏やかな心でいられるだろう。そのとき私たちは、圧倒的な核の脅威を前に、確かに次のように言うことができるだろう。「私たちは恐れない。私たちはすでに死んでいて、世界はもはや私たちに力を及ぼすことができないからだ」。そのとき私たちは、人間を破滅に導くあらゆるものに対して恐れることなく抵抗し、私たちを愛してくださっている神は「死んだ者の神ではなく、生きている者の神なのだ」(マタイ二二・三二)と、何ごとにも束縛されることなく宣言することができるだろう。

祈りがこのようなものであるならば、私たちは日常生活において、具体的に何をすればよいのだろうか。それは、祈るためにたびたび時間を割くことだ。そして、祈りこそが軍拡競争に対抗する第一の、そして最高の行動であることを思い起こそう。神と共に静かな時間を過ごすことによって、私たちの行動は私たちの信仰に根ざしたものとなる。私たちがもたらしたいと考えている平和は、私たちの手のわざでもなければ、私たちが携わる運動の生み出すものでもなく、キリストからの贈り物なのだ、という信仰である。祈りのための特別な孤独《ソリチュード》のなかに入ることは、巧みな術策、競争、対立、疑い、保身、怒り、敵意、相互の侵略行為、破壊、戦争のはびこる世界に対する抵抗にほかならない。それは、神の愛のすべてを抱きとめすべてを癒やす力を目のあたりにすることだ。次々と襲いかかってくる出来事に翻弄されながら生きる重圧のもとで行動するのではなく、「人の子の前に立つことができる」（ルカ二一・三六）確信をもって静かに立ちながら、私たちは平和のために行動する。もちろん、祈りのために孤独のなかに入ることは、簡単ではない。その証拠に、周囲のほとんど誰もが抵抗を示す。「立ち止まるな。絶えず働け。絶えず進め。常に話し、書き、ものごとを取り仕切れ……。仕事をきちんと終わらせるように……しかもできるだけ早く」。そんな声がまず聞こえてくるのだ。だが、これは平和の君の声ではない。イエスは友人たちの前に現れるとき、いつも彼らの心と精神を落ち着かせ、こう言われた。「恐れるな、取り乱すな。心に疑いを抱いてはならない」（ルカ二四・三八参照）。

孤独のなかに入るとき、私たちはしばしば、これらふたつの声を聞くことになるだろう。つまり、世の声と主の声だ。このふたつの声は、それぞれ逆の方向へと私たちを引っ張る。だが、いつも忠実に孤独の位置へと戻るようにすれば、やがて主の声が強くなっていく。

そして私たちは、願い求めている平和を、心と精神をもって知り、理解するようになるだろう。

孤独のなかで、私たちは何をするのだろう？　最初の答えは「何もしない」である。あなたが注意を向け耳を傾けることを望んでおられる方の前に、ただいるだけでいいのだ！　こうして「役立たず」のまま神の前にいることによってこそ、私たちは力と支配の幻想に対して死んでいくことができる。そして、私たちという存在の中心に隠れている愛の声に、耳を傾けることができるようになっていく。

しかし「何もしない、役立たずでいる」ことは、その言葉から連想されるほど受け身の姿勢というわけではない。実際、その姿勢をとり続けるには、努力と大きな注意力が必要だ。それは能動的に耳を傾けることを私たちに要求する。私たちは耳を傾けるなかで、神の癒やしに満ちた現存と出会い、新しくされることが可能となる。このような注意深い傾聴に至る方法は人によってさまざまだが、何らかの形の聖書の黙想が含まれているという点では共通している。静かに詩編を読む、聖書のある章句について黙想する、あるいはただ短い祈りを繰り返す——こうした方法をとることによって、要求の多いこの世界が私たちに絶えず何かをけしかけてくる声が、次第にその力の幾分かを失っていく。孤独が私たちの帰るべき家を与えてくれることを、私たちはいっそう強く感じるようになる。その家で、私たちは主に耳を傾けることができ、神の言葉に従っていく力を見出すことができ、自由に、勇気をもって行動することができるようになる。

個人の祈りであれ、共同の祈りであれ、祈りには数限りない形がある。しかし争いをつくりだす古い自分に対して死に、平和の家に住みたいと心から願うならば、私たちは他のものから離れて立ち止まり、神の前で神を思いめぐらさなければならない。これはまさに、平和をつくる者にとって大きな霊的課題である。

悔いる心をもって

祈りとはどのようなものかを説明することによって、私はここまで、平和をつくるための内なる働きと外なる働きの直接的な結びつきを、あらためて強調してきた。「世界を変えたいなら、まず自分が変わりなさい」というガンディーの言葉は、この地球に平和をもたらすという緊急の課題を個人的あるいは霊的な課題とするために、しばしば用いられてきた。しかしそれだけではなく、この言葉は、世界の平和が心の平和なしには達成されないという紛れもない真実をも指し示している。

このことは、砂漠の師父たちの説話集に収められたある小さな物語に、見事に描かれている。

仲のよい三人の男がいた。彼らは世のために尽くしたいと熱心に願っていた。ひとり目の男は「平和を造る人々は、幸いである」という言葉に従って、争っている人々のあいだに和解をもたらすことにした。ふたり目の男は病人たちを訪問することにした。三人目の男は砂漠へ行き、そこで静かに暮らすことにした。ひとり目の男は人々の争いごとをやめさせようと苦心したが、すべてを解決することはできず、病人たちを見舞っている男のもとへ出かけていった。するとその男も「平和を造る人」になることができず、疲れ果てていた。そこでふたりは、砂漠に住む男のもとへ行くことにした。ふたりは彼に自分たちの苦労を話して聞かせ、彼はどんな具合かとたずねた。三人目の男はしばらく沈黙していたが、鉢に水を注ぎ、ふたりに言った。「水を見てごらん」。水の表面は波立っていた。しばらくすると彼はふたりに、もう一度、水を見るようにと言った。今度は水の表面が静かになっているから、と。ふたりが水を見ると、鏡のようになった水面に自分たちの顔が映っていた。そして彼はふたりに言った。「この水と同じように、人々のなかで暮らしていると、あれこれといろいろなことが起こるので、人は自分の罪を見ることができない。だが心を静めれば、とりわけ砂漠でそうするならば、自分の欠点が見えてくる」。

（ベネディクタ・ウォード『砂漠の師父の知恵』）

心の静けさとは、世界が暴力と戦争で引き裂かれているなかで「心地よさ」を味わうための道ではなく、自分が問題の一部であることを知るための道なのだ。この物語は、そのことにほとんど疑いをさしはさまない。祈りは霊的な静けさをもたらし、霊的な静けさは私たちを自分の罪の告白へと導く。戦争へと至る罪の告白だ。人々のあいだに和解をもたらすことも、病人を訪ねることも重要ではある。だが、悔い改める心をもたずにこれらのことを行っても、それらが実を結ぶことはない。静まった水の表面に映しだされた罪深い自分の姿を見ることができるとき、そして自分もまた戦争をつくりだしている者なのだと告白できるとき、私たちは初めて、平和への道を謙虚に歩きはじめることができる。

第二章　抵抗

第二次世界大戦が終わったとき、私はまだ十三歳だった。両親は私と弟を、私の故郷オランダにおけるナチスの脅威からうまく護ってくれたが、ユダヤ人の隣人たちが連れ去られるのを目撃し、彼らが強制収容所に移送されてそこから二度と戻ってこなかったという話を聞かずにすむようにさせることはできなかった。私がユダヤ人迫害の悪魔的様相に気づき、「ホロコースト」という語を知ったのは、戦後何年もたってからだった。そして四十年後の今、私はしばしば自問する。「なぜ民衆による大暴動が起きなかったのだろう？　当時行われていた大量虐殺に抗議して何千もの人々が行進するということが、なぜ起きなかったのだろう？　多くの宗教関係者が収容所に侵入し、ユダヤ人撲滅のために作られたガス室や焼却炉をうち壊すということが、なぜ起きなかったのだろう？　祈り、聖歌を歌い、教会へ通う人々はなぜ、自国においてあまりにも明らかな悪の力に抵抗しなかったのだろう？」

これらの疑問の答えを見つけることは、重要ではある。だが今や私は、何が起こっているかよくわかっていない十三歳の少年ではない。今や私は、トライデント潜水艦——ヒトラー支配下の長い年月にナチス・ドイツのガス室で殺された人々より多くの人々を、一瞬のうちに殺戮できる兵器——が作られた場所から数マイルしか離れていないところで暮らしている大人だ。今や私は、グアテマラでの大量虐殺やエルサルバドルでの殺戮の恐怖をよく知っている、情報に通じた人間だ。今や私は、莫大な資金の投じられた超大国間の軍拡競争が世界各地の無数の人々の飢餓を生み出していることを、はっきりと確信をもって伝えることのできる教養豊かな教師だ。今や私は、キリストの言葉を何度も聞き、イスラエルの神とイエス・キリストが生ける者の神であり、その方の内には死の陰《かげ》がないことを知っているキリスト者だ。

今、私は次のように自問する。「私の祈り、神の命との交わりは、私を取り囲む死の力に対する抵抗の、目に見える行為となっているだろうか。現在十三歳の子どもたちは今から四十年後、私が子どもだったころの大人のキリスト者について今抱いているのと同じ疑問を、私について抱くのだろうか」。私が沈黙していれば、あるいは無関心でいれば、四十年後に誰かが何らかの疑問を抱くことはあり得ない。私はそのことを肝に銘じておかなければならない。なぜなら、待ち受けているのはある民族を撲滅するホロコーストではなく、人類そのものを撲滅するホロコーストだからだ。つまり、疑問に答えることだけではなく、疑問を投げかけることさえも、まったく不可能になってしまう。

こうした思いは、いつも私のなかにある。だから今日、そして私の人生のすべての日において、平和をつくる者となるにはどうすればよいのだろうと、考え続けている。「何が起こっているか知らなかった」と言うようになってはならない。何もしなければ何が起こるか、私は驚くほど正確に知っている。今、平和をつくる者となるために必要なのは、私の祈りが具体的な行動として目に見えるようになることだ。そのような行動を伴わないならば、私の祈りは、将来への責任を放棄した、恐怖に満ちた心の敬虔な表現でしかない。

このことについて他の人々がどう考えているのかを、私は探らずにはいられない。この葛藤において、自分はひとりではないと感じているからだ。私はよく旅をするので、旅の途中でたくさんの人と出会う。私の見ているものを見て、聞いているものを聞き、私の読んでいるものを読んでいる人々。この数十年、私が抱くようになったのと同じ関心によって、心の奥深くで悩んでいる人々。私と同じように、彼らは次のように言いたくなる誘惑に駆られている。「私たちは祈ることぐらいしかできない。だって仕事があるし、家族がいるし、人とのつきあいもある。だから平和のために働く時間がとれないんだ。できることは限られていて、自分の限界を受け入れなくてはね」。しかしまさにその仕事や家族やつきあいを脅かす核のホロコーストを前に、彼らは——私も含めて——こんな言い訳が通用しないことはわかっている。平和をつくりだす働きは、もはや選択肢のひとつではない。それはどのような職業であろうと、どのような家族構成であろうと、すべての人にとって聖なる義務なのである。平和をつくりだす働きは、私たちのすべての時間と全存在をかけた生き方なのである。

平和をつくる人々は日々どのような生活を送るのだろうか。私がその考察の中心に据えたいと思うのは、「抵抗」という言葉だ。私たちは平和をつくる者として、戦争と破壊のあらゆる力に断じて抵抗しなければならない。そして、平和は命を肯定するすべての人に神が与えてくださった賜物であることを、宣言しなければならない。

死がどこでその力をふるおうとも、抵抗とはあらゆる死の力に対して「ノー」と言うことを意味する。それはつまり、どのような形で出会う命であっても、あらゆる命に対して「イエス」と言うことになる。

「ノー」と言うこと

聖なる必要性

平和のために働くことは、命のために働くことである。しかし歴史上これまでにないほど、私たちは死の力に囲まれている。急速にエスカレートした軍拡競争は、私たちの思いや感情のなかに死の雰囲気を広げてしまった。ただし、私たちはぼんやりとしかそれに気づいていない。私たちはあたかもすべてが正常であるかのように暮らし、働こうとする。だが、死の声をうまく遠ざけておくことはほとんどできない。こんな声が聞こえてきてしまうのだ。「何をつくりだしたところで、まもなくみな破壊されてしまうのに、なぜ働くのか。自分の才能を発揮することなどできそうにないのに、なぜ勉強するのか。未来を約束してやることができないのに、なぜ子どもたちをこの世に生みだすのか。私たちの存続そのものが疑わしいのに、なぜ書き、音楽を奏で、絵を描き、踊り、祝うのか」。

ソ連が核兵器による全面的な攻撃をしてきた場合、おそらく一億四千万ものアメリカ人が数日のあいだに死ぬこと、それに対してアメリカが報復すれば、少なくとも一億のソ連の人々の命が奪われることを、私たちは知っている。このようなことを思い浮かべることができるというだけでも、私たちの精神や心はすでに大きな痛手を受けている。自分たちの命を守るために一億もの同じ人間を殺すことを考えるとは、あまりに不合理であり、「命を守る」という言葉はもはや意味を失っている。

私たちの世紀の最大の悲劇のひとつは、核兵器の軍拡競争について「ノー」という言葉が語られることがほとんどなく、語られたとしてもごくわずかな人が弱々しく語るだけだということだ。私自身、こうした闇の力に対して十分に抵抗していないのはなぜか。その理由を自分自身に説明しようとしたとき、あることに思い当たった。私はアメリカ合衆国という国を、迫害されている人々の逃れる国であると、これまでずっと考えてきたのだ。それは自由、果てしない成功のチャンス、民主主義の国であり、ナチズムの被害者たちを助けた国——そう、私の故国を解放してくれた国である、と。こうした思いがとても強いので、ジョン・F・ケネディやロバート・ケネディ、マーティン・ルーサー・キング・ジュニアが暗殺されたあとも、ベトナム戦争の悲惨のあとも、ウォーターゲート事件のスキャンダルのあとも、アメリカ合衆国にとってこれらは痛ましい例外的な出来事にすぎない、と私は考えていた。これらの出来事は、この国の掲げる理想が次々と裏切られている印だというのに、ヒトラーの時代にドイツで起こったようなことがここでも起こり得るとは、今もなかなか考えることができない。アメリカはとにかく、ナチの独裁に勝利したのだ。あのような独裁が大西洋のこちら側に移動してくることなど、あり得ようか。

私の多くの友人は、急速にエスカレートしていく軍拡競争に対して「ノー」と言ったために投獄された。何百万もの人々が破壊的な兵器を製造するために身を削る一方で、何千万もの人々が飢えに苦しむという結果をもたらしている軍拡競争。それに対し「ノー」と言った友人たちによって、私の目はもうひとつのアメリカへと徐々に開かれていった。それは本当は見たくないアメリカ。しかしもはや無視できなくなったアメリカだ。それは核兵器の先制使用ができるように準備しているアメリカだ。反撃に対する脅威を与えることによって相手からの核攻撃を防ごうとするだけではなく、先制攻撃をすることによって、殺される前に殺してしまおうというのだ。

核戦争を仕掛けて勝利する計画が、イエスの愛の掟やご自身を護るためのものを何ひとつもたない十字架上の死と正反対であることを、これらの友人たちは私に思い起こさせてくれた。また、「ノー」と言わずにいることは、信仰がないことの印だということも。彼らはまた、私に次のことを示してくれた。多くの人の命を奪う準備をし、核戦争を始めようとする人々は、違法行為をしているとは見なされないが、現代のアウシュヴィッツやダッハウに対し、象徴的な意味において有罪判決を下さずにはいられない良心をもつ人々は、犯罪者として投獄されてしまう、と。

より高い掟を告げ知らせるために「法に違反する」人々をすすんで擁護するほどまでに自分の考え方や感じ方を変えることは、私にとって非常に難しい。そのより高い掟とは愛の掟であり、私はその掟に自分の生涯をささげたというのに。しかし私は、平和の人であるイエス・キリストを心から信じている。イエスは父に「十二軍団以上の天使を今すぐ送ってくださる」ように（マタイ二六・五三）と頼みはせず、ご自身を護るものを何ひとつ身につけずに十字架上で死ぬことを選んだ。それなのに私が平和の人にならないことなど、どうしてできようか。死の力が無数の人々の命を肉体的にも道徳的にも破壊するのを、どうして許すことができようか。現在においても将来においても、受け身の、つまり責めを負うべき傍観者であり続けることによって、それを許してしまっていいはずがあるだろうか。抵抗しないでいることは、私たちを核によるホロコーストの共犯者にするのだ。

「初めて」の状況

核の脅威は、人類がこれまで直面したことのない状況をつくりだした。歴史は人々が他の人々に及ぼす暴力、残虐行為に満ちている。この地球から数多くの都市、国家、そして文明全体が抹消され、数多くの人々が憎悪と復讐心の犠牲になってきた。しかし、人類が集団自殺をはかり、地球全体を破壊し、全歴史に終止符を打つことが可能になった時代は、これまで存在しなかった。第二次世界大戦中さえ、私たちはこの恐るべき能力を手にしていなかった。大戦末期におけるヒロシマとナガサキへの原爆投下によって、次の大戦はどのようなものになるのか、私たちはそれとなく察するようになった。だが将来の世界大戦を、これまでの戦争と比較することはできない。それはあらゆる戦争を終わらせるだけではなく、あらゆる平和をも終わらせるものとなるだろう。

戦争に対して「ノー」と言うことが普遍的に必要不可欠となったのは、このまったく「初めて」の状況ゆえだ。ある特定の時代の特定の人々にとってのみ必要なことであるとは、もはや見なされない。人類の存在そのものが危機に瀕しているのだから、ほかの緊急の用件に注意を奪われている場合ではない。核戦争は何億もの人々の命だけではなく、死者が思い起こされ記憶にとどめられるべき未来をも脅かすのだから、この脅威は抵抗の動機として、他のあらゆる脅威のなかで最も重要なものとなる。核兵器施設のフェンスを乗り越えたり、原子力潜水艦に乗りこんだり、核物質輸送車の前に立ちはだかったりする「反抗的」な人々の小さな集団によって、私たちは自分たちが無視したり否定したりし続けている現実に、目を開かされる。「反抗的」な人々の数が少ないからといって、その行動に意味がないと考えてはならないのだ。

真実が多数派によって語られることは、歴史を通じてほとんどなかった。統計も、人々に真実を知らせることはない。イスラエルの預言者たち、イエスとその少数の弟子たち、そして歴史のなかに登場する聖なる人々の小さな集団は、私たちに問いを抱かせる。「この頭のいかれた反戦運動家たち」は結局、今日の私たちの回心にとって重要なのではないか、今から八百年前の聖フランチェスコとその弟子たちがそうであったように、と。彼らが大きな声ではっきりと告げた、しばしばドラマティックな「ノー」によって、私たちは、自分が何に対して「ノー」と言うべきなのかを考えさせられる必要がある。

なじみ深い死の力

核の脅威がもたらす影響を見据えようとするとき、私はまったく新しい――そして初めての――状況と向かいあうことになっただけではなく、死に魅了されている私たちの状態に、新しい目を向けるようになったことに気づく。その状態はもともと、私たちの日常生活のなかに不可欠な部分として広く存在していた。死はいかに巧妙な方法で私たちを取りこんでしまっていることか。人類全体の死に直面することによって、私はそれを考えずにはいられなくなった。

一撃で多くの都市と無数の人々を破滅させることのできるミサイルを搭載したトライデント潜水艦は、確かに人類がこれまで作りだしたなかで最も有害な死の装置だ。だが、人間の手で作られたこの破壊の怪物に対して私たちが「ノー」と言いはじめるのなら、現在繰り広げられている死のゲームのように華々しくではなく、もっと密やかに「ノー」と言うべきではないだろうか。私たちは死の力の単なる犠牲者ではない。なぜなら、トライデント潜水艦などの核兵器体系をつくっているのは私たちなのだから。死の力は、私たちが自ら告白しようと思うよりはるかになじみ深く、私たちのあいだに蔓延しているのである。

私たちが核戦争の起こる可能性さえ思い描くことができるのは、私たちがどれほど広く深く死に支配されているかを示す一端だ。いつどこで発揮される死の力であっても、その死の力の正体を暴きたいと思っている限り、私たちは真の平和をつくる者《ピースメイカー》にはなれない。核兵器の軍拡競争に対して心から「ノー」と言うためには、私たちの精神と心のほんの片隅に潜んでいる死に対して「ノー」と言わなければならない。世界の平和と心の平和は、切り離すことができないのである。「あなたの心の平和と世界の平和、どちらがより重要ですか」という質問に、答える必要はない。また、平和は自分の内部から始まるか、外部から始まるかという議論に気を取られるべきでもない。内なる平和と外なる平和は、切り離されてはならないのである。平和をつくるための働きは、私たちの心の奥底の隠れた片隅から、きわめて複雑な国際的協議にまで及んでいる。それゆえ死の力に対する私たちの抵抗は、平和そのものと同じように深く広いものでなければならない。

死の潜む娯楽

つい先ごろ、私はアメリカのある名門の寄宿制中等学校を訪問した。生徒たちの多くは教養のある裕福な家庭の息子や娘であり、みなとても聡明だ。彼らは親切で礼儀をわきまえ、向上心に満ちていた。彼らの多くがいずれ重要な地位につき、大きな車を運転し、大きな家に住むようになることは、容易に想像できた。

ある晩、学校の講堂で映画が上映され、生徒に混じって私も見た。それは「ブルース・ブラザーズ」という映画だった。私は自分が目にしているもの、耳にしているものが信じられなかった。スクリーンにはスーパーマーケットや家、車が派手に破壊される場面がひっきりなしに映しだされ、そのたびにこの行儀のよい聡明な若者たちから興奮の声が上がる。彼らの裕福な暮らしのシンボルがことごとく破壊されていくのを見ながら、彼らはまるで自分たちのチームが勝利したかのように歓声を上げているのだ。車がぺちゃんこに潰され、家が燃え上がり、高層ビルが崩れ落ちると、私のそばに座っていた生徒が、これは今まで作られたなかで最高に「おもしろい」映画のひとつだと、興奮しながら教えてくれた。私にとっては「死」でしかない二時間あまりの撮影のために、何千万ドルもの費用が使われた。人間が殺されたわけではない。だから本当は、大いに笑ってもらおうという趣向なのだろう。だが人間が作ったもののうち、「ブルース・ブラザーズ」の破壊行為の被害にあわないものは、何ひとつなかった。

恐怖や食糧の欠乏、エスカレートしていく暴力によって多くの人々が死んでいくこの世界のなかで、高い志を抱く若いアメリカ人たちが、何千万ドルもの費用のかかった破壊を楽しんでいるというのは、いったいどういうことなのだろう。これが、核戦争を回避し軍拡競争を止めることを第一の課題とすべき世代の、将来のリーダーたちなのだろうか。

現代の多くの娯楽は暴力と死に魅了された私たちを満足させるために作られているという事実を示すために、私はこの一見して人畜無害な出来事を取りあげた。私たちは一生のあいだ、崩壊する高層ビルや大破する車の場面だけでなく、発砲や拷問その他の暴力の場面を見ることに、長い時間を費やす。あるとき私は飛行機で、ベトナム戦争の退役軍人と知りあった。彼は子どものころ、テレビのドラマや映画であまりにたくさんの人が殺されるのを見たので、ベトナムに派遣されたとき、自分の殺した人たちがふたたび立ち上がって次の番組に出演したりはしないことが、なかなか信じられなかったという。死は非現実の出来事になってしまっていたのだ。ベトナム戦争に行ったことで、死は現実であり、取り返しのつかないものであり、非常におぞましいということに気づかされたという。

正直に告白すれば、私自身も死の刺激的な力に魅了されることがしばしばある。ぽっかりと口をあけた深淵の上に張られた綱の上を歩く人を見ると、ぞくぞくする。下に安全ネットを張らずに宙返りをする空中ブランコ乗りを見ると、興奮のあまり爪を噛んでしまう。記録を破ったり輝かしい離れ業を披露したりするために命を危険にさらすスタント・パイロットやスタント・モーターサイクリスト、カーレーサーを見れば、思わず目を見張り、口を大きくあけてしまう。この点からすれば私も、剣闘士の死闘の見物を楽しんだ多くの古代ローマ人たちとほとんど変わりない。あるいは過去において、いや、現在においてさえ公開処刑の場に惹きつけられている群衆とも変わりない。

このような現実または想像上の死のゲームは私たちが自分の「死の本能」や「攻撃的空想」に対処するための健全な方法である、という説はどのようなものであれ、事実無根、未確証、あるいは単に無責任なものとして、退けなければならない。死の願望を現実に、あるいは想像のなかで実行することは、心の平和であれ私たちが共に営む暮らしのなかの平和であれ、私たちを決して平和へと近づけることがない。

裁くことのもたらす死

しかし死への私たちの執心は、現実または想像上の身体的な暴力に関わるだけに留まらない。私たちは自分が日々、死のゲームに関わっていることに気づく。その死のゲームはあまり華々しくはないが、だからと言って破壊的でないとは言えない。ニカラグアへの訪問と、その後アメリカに戻ってから行ったニカラグアの人々についての講義と会話のなかで、私は次のことにますます気づくようになった。短絡的な判断や固定観念が、民族や国家のイメージをいかに歪んだものにしてしまうか、ということだ。その結果、その民族や国家に対する破壊行為や戦争を起こすための格好の口実を与えてしまう。ニカラグアを一面的にだけ見て、マルクス・レーニン主義と全体主義と無神論の国家であると語るならば、そんな国はすぐに攻撃して破壊してしまわなければ、という怪物が私たちの心のなかに生まれる。私がニカラグアの人々について、彼らの深いキリスト教信仰、ある程度の経済的自立を求める努力、よりよい医療と教育への要望、自国の将来は自国だけで決めたいという願望を語ったときはいつも、次のような死をもたらす固定観念と向きあっていることに気づいた。人々は言った。「でも、ソ連がニカラグアに足場を築こうとしているのでしょう？　私たちは共産主義の闇の力にますます脅かされているわけですよね」。このような意見を聞き、私たちは戦争を始めて人々を殺し、国を破壊するようになるはるか前に、敵を心のなかで殺していたのだと気づいた。相手を人間同士のリアルで親密な関係が結び得ない抽象的な存在にしてしまうことによって、すでに殺していたのだ。自分と同じように食べ、飲み、眠り、遊び、仕事をし、互いに愛しあう男性、女性、子どもたちが「共産主義の悪」という抽象的な存在に変貌したとき、私たちはそれを撲滅するようにと――神から――呼びかけられているので、戦争は避けられないものとなった。

ナチスは、私たちがユダヤ人と呼ぶ具体的な人間を、抽象的な存在に変貌させることができた。ナチスはユダヤ人たちを「ユダヤ人問題」のなかに組みこんでしまったのだ。そして抽象的な問題を解決するのは、抽象的な解決法だ。ユダヤ人問題の解決法はガス室だった。ガス室に至るまでには、人間性を奪う抽象化の段階がいくつもあった。ユダヤ人ではない人々からの分離、黄色い星の印、遠く離れた強制収容所への移送。こうしてユダヤ人は次第に「私たちのひとり」ではなくなり、ますます部外者、名前のない誰かとなり、ついには「問題」になってしまったのである。

第二次世界大戦の恐怖を考えるとき、暴力は身体的なものとなる前に、いかに観念上のものであったかに気づく。そして現在、私たちはふたたび同じような過程をたどっているように思われる。私たちはニカラグアやキューバ、ソ連の人々に対して「裁きを下した」。そして頭のなかでつくりあげるこうした抽象的存在は、死の力の最初の産物だ。

それゆえ戦争に関しても娯楽に関しても、死に対して「ノー」と言うことは、身体的な暴力に対して「ノー」と言うことにはるかに先立つ。そのためには「人を裁くな」（マタイ七・一）というイエスの言葉に、深く関わっていかなければならない。心と精神の暴力すべてに「ノー」と言わなければならない。私としては、これは実行するのが最も難しい修練のひとつだと思う。

私はふと気がつくと、いつも誰かについて「裁きを下して」いる。「彼のことはまともに取り合うわけにはいかないな。彼女はただ注意をひきたいだけなんだろう。彼らはまわりの人たちを扇動して、トラブルを起こしたがっているだけだ」というように。このように決めつけることは、まちがいなくモラル的に人を殺しているのだ。私は仲間である人間にレッテルを貼り、彼らをカテゴリー分けし、彼らとのあいだに安全なだけの距離をあける。「あの人はこういう人」と決めつけることによって、本来は背負う必要のない重荷を背負いこんでしまう。「あの人はこういう人」と決めつけた結果、私は自分の世界を善人の世界と悪人の世界に分ける。こうして私は神を演じることになる。しかし神を演じる者は誰でも、悪魔のように行動することになる。

　相手を裁くことは、弱い人々や欠けの多い人々、罪深い人々のいる場所の外に自分を置いていることを意味する。これは傲慢で思い上がった行為であり、他者のことだけではなく自分自身も見えていないことを示している。パウロはこのことをはっきりと言っている。「すべて人を裁く者よ、弁解の余地はありません。あなたは他人を裁くことによって、自分自身を罪に定めています。裁くあなたも同じことをしているからです。私たちは、神の裁きがこのようなことを行う者の上に正しく下ることを、知っています」（ローマ二・一―二）。

　平和をつくる人々は誰のことも――周囲の人であれ遠くにいる人であれ、友であれ敵であれ――裁いてはならないという考えに、私は心を打たれる。この考えは、平和をつくる人々について考えるうえで私の助けになってくれる。平和をつくる人は、神のうちにしっかりと錨を下ろしているので、他者を批評したり非難したり値踏みしたりする必要がない。平和をつくる人は、その隣人たちを――北米人であれロシア人であれキューバ人であれ南アフリカ人であれ――共に人間であり、罪人《つみびと》でもあれば聖人でもある仲間として見ることができる。また、相手に耳を傾けてもらうこと、目を向けてもらうこと、神の愛をもって配慮してもらうことを必要とし、私たちと同じ人間としての家族に属する者と見なされる余地を必要としている男性女性として見ることができる。

私は誰のことも決して裁かなかったある人との出会いを、鮮明に覚えている。私のまわりには、他者についてあれこれ意見をもち、その意見をほかの人にも伝えることに熱心な人が多い。それに慣れているので、私は彼に会ったとき、最初は幾分とまどってしまった。話題や批評の対象にするべき人が誰もいないとき、いったい何を話せばいいのだろう。だが、彼が私のことも批評しないことがわかると、私は徐々に自分のなかに新しい自由を感じるようになった。何も言い訳しなくていいし、何も隠す必要がない。だから彼の前では、何も恐れることなく自分自身でいられることがわかったのだ。真に平和をつくる者であるこの人を通して、新しいレベルの会話が始まった。それは競争や比較に基づくのではなく、「世を裁くためではなく、世が救われるため」に遣わされた方（ヨハネ三・一七参照）の愛を共に喜び祝うことに基づく会話だった。神が裁きをすべて委ねたイエス（ヨハネ五・二二参照）にとって「裁き」の別の呼び方は「憐れみ」であることを、私はこの人を通して知った。

彼との出会いは、私の人生を変え続けている。普通の生活を送るには、誰についてもどんなことについても、とにかく自分の意見をもつ必要がある、と私は長いあいだ思っていた。しかし、この人は私にわからせてくれた。私は他者を裁くという大きな重荷を背負わずに生きてよい、自由に耳を傾け、目で見て、相手を心にかければよい、そして自分に差し出される贈り物を恐れることなく受け取るがよい、と。そして相手が「本当は」どんな人なのかをすぐに判定しなくてはならないという強迫観念から解放されていくにつれて、私は自分が、この地球の東から西まで、北から南まで広がる人間という家族の一部であることを、ますます感じるようになった。相手を裁くという暴力に対して「ノー」と言うことは、まさに平和をつくるという非暴力へと私を導く。そしてそれが、兄弟姉妹として生を分かちあっているすべての人を抱き締めることを可能にしてくれる。

霊的な自殺

だが、このほかにも「ノー」と言うべきことがある。私たちは平和をつくる者として、自分の最も深い奥底にさえ死の力が及んでいることを見据える勇気をもたなければならない。なぜなら私たちは、自分自身についての考え方や感じ方のなかに、これらの死の力を見出すからだ。そう、私たちの奥底に秘められた考えさえも、死によって穢されていることがあるのだ。

自分の心のなかの葛藤を顧みるとき、私は告白しなければならない。最も苦しい葛藤のひとつは自分自身を受け入れること、つまり自分という人間が愛されていることを認め、自分自身が生きていることを喜び祝うことである、と。時には心の奥深くに潜んでいるらしい悪の声が聞こえてきて、私を無価値で役立たずな人間、見下げ果てた人間でさえあると思いこませようとする。奇妙に聞こえるかもしれないが、このような内なる闇の声は、家族や友人、学生や教師、支持者や共鳴者の賞賛を浴びているとき、最も強く大きくなることがある。まさにそのとき、これらの声は言う。「そうだね。でも彼らは実は私を知らない。実は私の心のなかの醜さを知らないんだ。私がどれほど不純で利己的かを知れば、彼らはたちまち賞賛の言葉を引っこめてしまうだろう」。この自己嫌悪の声は、おそらく平和をつくる者の最大の敵のひとつだろう。それは、私たちを霊的な自殺に誘いこむ声だ。

福音の中心となるメッセージは、次のようなものである――神が私たちにご自分の愛する子を遣わしてくださった。それは私たちの罪を赦し、私たちを新しい人にし、私たちが自己否定、悔恨、自責の念によって身動きできなくなることなく生きられるようにするためである。このメッセージを信仰のうちに受け入れ、私たちは赦されているのだと心から信じることは、おそらく私たちが直面しなければならない最も困難な霊的闘いのひとつだろう。なぜかはわからないが、私たちは自己否定をやめることができない。なぜかはわからないが、私たちは罪の意識にしがみつく。まるで全面的に赦しを受け入れることが、逃げ腰にならざるを得ない忌まわしい新たな課題であるかのように。抵抗は平和をつくるための働きに欠かせない要素であり、抵抗する者の「ノー」は、自己嫌悪という死の力と対峙するために、自分の心の奥底まで届かなければならない。

私が平和をつくる者としてどうもためらいがちなのは、自分自身を赦された者としてまだ受け入れていないからではないかと、たびたび思う。赦された者ならば、何も恐れるものはなく、心から自由に真理を語り、平和の支配する神の国を告げ知らせることができるはずだ。悪と死のもつ悪魔的な力が、「おまえは平和をつくりだそうとしているが、平和に値しない人間だ」と私に信じこませようとしているのではないか、と思えることがある。それで私は自分を責め、言い訳をし、自己破壊的にさえなる。自分の与えられている恵みを人々に語って聞かせ、「赦された者として、赦しの結ぶ実である平和を私は願い求める！」と明言することが、どんな場合であっても、私にはなかなかできない。

私の心のなかの葛藤は、私だけのものではない。何百万もの人々が、私と同じように葛藤を抱えている。自信に満ちたふるまいや物質的成功の表面下で、人々は自分を低くしか評価していない。彼らはそれを他人に見せないかもしれない――社会的に容認できないこととされているので。だが、それでもやはり彼らは苦しんでいる。高い尊敬を受けている人々のなかには、抑うつ感、心の不安、霊的な拠り所の喪失感、そして過去の失敗や成功に対する罪の意識（これが最も痛ましい）を常に抱えている人が多い。これらの感情は、私たちの人生の土台を少しずつ時間をかけて食い尽くしていく小さな齧歯類《げっしるい》のようだ。

私は個人的に、心のなかのこうした自殺的な力との闘いは、ほかの霊的闘いよりも困難をきわめると思う。イエス・キリストを信じる人々が、自分は赦され、無条件に愛され、赦しの主の名において平和を告げ知らせるよう招かれていると心から信じることができるならば、私たちの地球が自己破壊の瀬戸際に立たされることはないだろう。

遠く深くまで届く「ノー」

平和をつくる人々の核戦争に対する「ノー」を、暴力的な公共の娯楽、破壊的な固定観念化、そして自己嫌悪に対する「ノー」にまで押し広げるのは無理があると思われるかもしれない。だが平和をつくりだす霊性を育てようとするとき、抵抗の形態をひとつに限定するべきではない。少し範囲を広げすぎではないかと思われる場合であっても、あらゆるレベルの抵抗を考慮に入れる必要がある。抵抗という大きな働きの一部として、これらの抵抗の形をすべて保持しておくべきだと、私は強く確信している。核によるホロコーストを避けるために、自分の自由を危険にさらそうとする平和活動家であっても、暴力的シーンを想像力の糧とし、仲間である人間の悪口を言い、心のなかで自己嫌悪を増大させているのなら、その人は長期にわたって命の証人でいることはできないだろう。死が力をふるうとき、死に対して「ノー」と言うには、全霊をかけた抵抗が必要とされるからだ。

命のあるところ、そこには動きと成長がある。命が現れ出るところ、そこには驚きや予想もしなかった変化、絶えざる刷新がある。命のあるものが、常に同じ状態であり続けることはない。生きることは未知のものと絶えず向かいあうことだ。私たちは来週、来年、あるいは十年後、自分が何を感じ、何を考え、どのようにふるまうかを正確に知ることはできない。生きることに欠かせないのは、未知の未来に信頼をおくことだ。そのためには、予測できない事柄の神秘にすべてを委ねなければならない。

何もかもが不安定で、拠り所となるものがほとんどない現代において、不確実性は私たちをおびえさせる。それゆえ私たちは、生の不確実性よりも死の確実性を選びたいという誘惑に駆られる。多くの人が言葉や行動でこう言っているように思える。「確実にわかっている不幸のほうが、確実かどうかわからない幸福よりも望ましい」。これをほかの状況に移し変えるとこうなる。「敵であることがはっきりしている敵といるほうが、友情が続くかどうかわからない相手と暮らすよりも望ましい」。あるいはこう言ってもいい。「自分の弱さを受け入れてほしいと人々に頼むほうが、自分の弱さを克服することに絶えず挑戦するよりも望ましい」。あるいは「悪人と見なされるほうが、常に移り変わっていく状況のなかでよい人間でいなければならないことよりも望ましい」。確実かどうかわからない喜びを目指すのがいやなために、確実にわかっている惨めさを選ぶ人のなんと多いことか。それには衝撃を受ける。これは死の選択だ。未来がもはや信じるに値するものとは見えなくなった今、この選択がますます人々の心を惹きつけるようになっている。

子ども時代の恐れの経験を振りかえったとき、うまくできるようにと真剣に取り組む前に、失敗してしまいたいという誘惑に駆られたことを思い出した。心のどこかで私はこう言っていたのだ。「飛びこみ台から逃げ出して、泣いてみようかな。そうすれば絶対、かわいそうにと思ってもらえるもの。飛びこみをやっても、ほめてもらえるかわからないし」。このような子ども時代の記憶は、地球規模で私たちすべてが直面している誘惑のイメージを与えてくれる。これは、生を全うできるかどうかがあまりに不確かなとき、死を全うすることを選ぼうとする誘惑だ。未来が暗く恐怖に満ちた未知のものとなり、ますます嫌気がさしてくるとき、今すぐ手に入る充足感を選択することは、とても心惹かれるのではないだろうか。たとえその充足感が非常に偏ったもので、つかみどころがなく、死で穢されているとしても。

核の脅威のため、未来そのものが暗く恐怖に満ちているだけではなく不確実なものとなっているこの状況では、とにかく今、手にすることのできるつかのまの快楽にふけりたいという誘惑が、これまでにないほど大きくなっている。したがって、死を指向する放縦にふける機会が増えていくことと、私たちが生きていける未来など来るのだろうかという疑いが増していくことが連動している可能性は、十分にある。死に魅了されることと快楽主義は、密接に結びついているのだ。なぜなら欲望も死も、不安をかきたてる未来から私たちの目を逸らせ、今この瞬間の心地よい確実性のなかに私たちを閉じこめるからである。

平和をつくるには、死のあらゆる発現に、はっきりと抵抗を示さなければならない。それほど明らかではなくても決して忌まわしさの程度が低いわけではない死のかたち――たとえば人工中絶や死刑制度に対しても「ノー」と言うのでなければ、私たちは核兵器による死に対しても「ノー」と言うことができない。私たちは平和をつくる者として、現代人が死に感じている魅力のさまざまな形態と、核によるホロコーストがもたらす死との密接な関係に向きあわなければならない。私たちは日々の生活のなかに「人畜無害」な死のゲームが数多く存在すると気づくことによって、自分が戦争をつくりだす複雑なネットワークの一部になっているのだと、徐々に気づくことになる。

真の抵抗には、私たちが自分の抵抗しようとしている悪のパートナーであるという謙虚な告白が要求される。このような告白ができるようになるまでの道は非常に険しく、終わりがないかのように見える。私たちは「ノー」と言えば言うほど、抵抗しなければならないものがさらにあることに気づくだろう。世界――そして私たちはまさしくその世界の一部だ――は、まちがいなく悪魔の領域だ。悪魔はイエスに世のすべての国々とその栄華を見せ、こう言った。「もし、ひれ伏して私を拝むなら、これを全部与えよう」（マタイ四・九）。イエスはそれらの国々が悪魔のものであることに異議を唱えてはいない。ただ、拝むのを拒んだだけだ。世界とその国々は、悪霊、つまり破壊と死の霊の及ぼす力の支配下にある。核の脅威は、この真実が究極的に意味することを露わにした。愛によってこの世界をつくられた神がこの世界を破壊なさるのではない。私たちが、この世界を破壊するのだ。

死の悪魔的な力が私たちを支配するのを許してしまう、そのときに。だからこそ、死のあらゆる発現に対して「ノー」を言うことが、今すぐ取り組まなければならない課題となっているのである。

「イエス」と言うこと

悪魔と直接闘ってはならない

抵抗の「ノー」の側面を論じるなかで、私はすでに抵抗の「イエス」の側面に触れた。死の力に対する抵抗は、私たちが生の力としっかり結びついているときだけ意味をもつ。これは明らかだ。最終的に重要なのは、死にうち勝つことではなく、生を喜び祝うことなのである。

破壊の力と闘うことだけに集中するのは危険であり、大きなダメージを受けることがある——このような意見を、私は最近、目にした。核によるホロコーストが地球に及ぼす影響を、精神と心のすべてをもって経験しようとすると、私はしばしば深い闇に覆われ、失意と絶望の深い穴に引きずりこまれていくように感じる。死の力と向きあおうとすると、死の力がすでに私を支配しているので、私は無力感でいっぱいになり、自分自身の生の源との接触を失ってしまう。闘っているまさにその敵の力の餌食になるのは、なんとたやすいことか！　死に抵抗することにすべての注意を傾けると、死それ自体が本来受けるべきである以上の注目を浴びてしまうことにさえなりかねない。このように、死の闇の力に対する私の闘いは、私自身を引きずりこもうとするものとの格闘の場となる。私自身の抑うつ状態も多くの友人たちの抑うつ状態も、「ノー」と言おうとしている私たちの多くの試みが、自ら告白している以上に、すでに私たちにダメージを与えていることを示す不吉な印ではないだろうか。私は時折そう思わずにはいられない。

紀元四世紀のエジプトの砂漠の修道者たちによる、非常に古い知恵の言葉がある。「悪魔と直接闘ってはならない」。悪の力と直接対決するには相当な霊的成熟と聖性が必要であり、それができる者は多くはない、と砂漠の師父たちは感じていたのだ。闇の君に多大な注意を払うのではなく、光の主に意識を集中させるようにと、彼らはその弟子たちに助言している。そうすることによって間接的に、しかし必ず悪魔の力を無効にするのである。悪魔と直接対決することは、注目を浴びたいと欲している悪魔のまさに思うつぼだと、砂漠の師父たちは考えた。悪魔はいったん私たちの注目を浴びると、私たちを誘惑する機会を得てしまう。それは堕落の物語だ。エバの最初の誤りは、蛇に耳を傾け、蛇を応じてやるに価する相手と考えたことだった。いったんエバから注目されたとなると、禁じられた木の実を食べるようエバに勧めることは、蛇にとってたやすいことだった。

この初期キリスト教の知恵は、平和をつくるための働きにとって非常に重要である。平和をつくる者として私が陥りやすい誘惑は、死の力を低く見積もり、それゆえ直接攻撃してしまうことだ。私はこのような罪深く欠けの多い人間であるがゆえに、死の力にとって取り入る隙だらけであり、彼らのネットワークのなかに私を絡めとるのは簡単だろう。死にうち勝つことができたのは、罪のないキリストだけだ。ひとりきりで死と闘う力が自分にあり、その闘いを生き延びることができると考えるならば、考えが甘すぎる。

ここで私たちは、平和をつくる人々の前に立ちはだかる最大の危険のひとつに触れる。その危険とは、平和をつくる者たち自身が、彼らのうち負かそうとしている悪の力の犠牲になってしまうことだ。「敵」への恐れが戦争をつくる人々を戦争に導くが、戦争をつくる人々を「敵」と見なしている平和をつくる人々《ピースメイカーズ》にも、同じ恐れが影響を及ぼしてしまうのである。平和をつくる人々の言語のなかに、怒りと敵意の言葉が徐々に入りこむようになる。軍拡競争の動機となっている切迫感さえも、平和をつくる人々を突き動かす原動力となりかねない。戦争の戦略と平和の戦略が同じになってしまうとき、平和をつくりだす働きはその心を失う。決して理論上、そのような可能性があると言っているわけではない。私が怒りといらだちで険しい顔つきになるとき、また、人々をどうやって自分の陣営に誘いこもうかという計略で心がいっぱいになるとき、そして私が世界に目で見える形で示したいと思っている平和を、自分自身が少しも放射できなくなるとき、平和をつくりだす者となるようほかの人々を説得し、誘い、動機づけることなど、どうしてできるだろうか。

平和運動に対して、非常に多くの人がひどくよそよそしい態度を示すが、その理由のひとつは、平和をつくりだそうとしている人々自身のうちに平和を見出せないからにほかならない。人々が目にするのは、怒りと恐怖に満ちた人々が抗議の緊急性を訴えている姿であることが多い。平和をつくりだそうとしている人々はしばしば、彼らがもたらそうとしている平和よりも、彼らが闘っている悪魔の部分を露呈してしまっている。これは実に残念なことだ。

敵を愛しなさい

イエスの言葉は私たちの闘いの核心をついている。「敵を愛し、あなたがたを憎む者に親切にしなさい。呪う者を祝福し、侮辱する者のために祈りなさい」（ルカ六・二七―二八）。この言葉について考えれば考えるほど、これは平和をつくる人々にとって試金石であると思う。私の敵が受けるべきなのは、私の怒りや拒絶、敵意や侮蔑ではなく、私の愛なのである。敵に対する愛はイエスのメッセージの「隅の親石」であり、聖性の核であると、霊の導き手は昔から言っている。

恐れに満ちた私たち人間にとって、敵を愛することは大きな挑戦だ。なぜなら恐れは、私たちに賛同する者と私たちに反対する者とを分け、私たちが愛する人間と憎む人間、友と敵とを分けてしまう。こうした区別はすべて、幻想に基づいている。ある人が何者であるかを見極めるのは私たち人間であり、それは相手の言葉と考えと行動によって判断できるという幻想だ。敵を愛することは、神がすべての人を愛しておられることを心に留めつつ行動することによって、この幻影を剝ぎ取ることを私たちに要求する。神は、性別や宗教、民族、肌の色、国籍、年齢、知性にかかわらずすべての人を、等しく大胆な無条件の愛で愛しておられる。友と敵との区別は、私たち恐れに満ちた人間がつくりだしたものであって、愛に満ちた神がつくりだしたものではない。したがって平和をつくる人にとっては、神のこのすべてを包みこむ愛に深く根を下ろすことが大切だ。神は「悪人にも善人にも太陽を昇らせ、正しい者にも正しくない者にも雨を降らせてくださる」（マタイ五・四五）のである。平和をつくりだそうとする者は、すべてを包みこむ神の愛に深く根を下ろすことによってのみ、人を戦争へと向かわせるのと同じ怒りや敵意、暴力の餌食となるのを免れることができる。

　こうしたすべては、抵抗の働きとどう関わっているのだろうか。ここで言いたいのは、愛する心、つまりいつどこでも生を肯定し続ける心だけが、死によって破滅させられることなく、死に対して「ノー」と言えるということだ。友も敵も愛する心は、生を呼び覚まし、生を祝されたものへと高める。それは常に生の豊かさに魅了されているゆえに、死のなかに留まることを拒む心だ。このように、生に対し愛をこめて力強く「イエス」と言うときだけ、死の力はうち負かされる。それゆえ、私はここでできる限りはっきりと言っておきたい。平和をつくる者が何よりもまず取り組まなければならない課題は、死と闘うことではなく、いかなるところであっても生の兆しが現れたなら、それを呼び起こし、支え、養い育てることだ。

柔らかく傷つきやすい生を探し求めて

死は硬直していて画一的であり、変化を拒む。それはまた大きくて荒々しく、騒々しくて仰々しい。戦車やミサイルが誇らしげに披露される軍事パレードでは、その前と後ろに、よく訓練された兵士たちの統制のとれた行進が見られる。これは死の力が目に見える形となった典型だ。生はこれとは異なる。生は非常に傷つきやすい。生は、それが最初に現れるとき、保護を受ける必要がある。ゆっくりと花開く植物、巣立とうとする鳥、初めて声をあげる赤ちゃん。生はとても小さく、隠されていて、非常に脆い。生は自分から最前列に出ていくことがない。いつまでも隠れているのを好み、おずおずと手を伸ばすだけだ。生は穏やかな語り方をする。生の立てる音はもの静かで、静寂のなかでしか聞こえず、しばしばその静寂の一部のように感じられる。生はゆっくりと動く。急いだり勇み立ったりすることがない。成長は感知できないほどかすかなので、私たちはそれを実際に見ることができず、いつのまにか成長しているのを確認するだけだ。生はやさしく触れる。叩いたり殴ったりすることはなく、軽く触れたりなでたりする。生はやさしい言葉を語る。「静かに。この子は眠っているのだから」。そしてそのあとこう言う。「さあ、来て見てごらん。かわいいだろう？　ちょっと抱っこしてみる？　気をつけて」。

死の力に抵抗する者は、いつでもどこでも生を探し求めるよう招かれている。このような柔らかく傷つきやすい生を探し求めることは、真の抵抗者の印だ。私はこのことを、抵抗に身をささげている友人たちから学んだ。彼らのおかげで、私は生の美しさを新たに味わえるようになった。そのうちのひとりは週に一度、午後の時間を割いてがんの患者を見舞っている。ひとりは知的障害のある人たちと共に働いている。ひとりは知的障害者施設にいる孤独な人々と共に時間を過ごしている。彼らは死の力と直接、接触するなかで、なぜか生の尊さに気づき、生の弱くとても柔らかいまさにその部分において、生を肯定したいという望みをもつようになった。傷ついた人々に対する彼らの静かな、そして目立たない心遣いは、彼らにとって抵抗の真の形となっている。

くすぶる灯心の火を消さず

私に生への新しい目を見開かせてくれたことがある。赤ちゃんを授かることは、自然で当たり前の、どちらかと言えば平凡な出来事のように思える。だが、私たちが生きているのは完全な破滅に向かっている惑星の上であり、過去と現在だけが確実であり未来が確実とは言えない時代であることを深く意識している者にとって、新しい人間に生を与えることは抵抗の行為となる。この世界に幼な子をもたらすことは、他者からのケアに頼らなければまったく不可能だし、その子どもを育てあげることは、死と闇の力に対して真に抵抗を挑むことになる。それは高らかに宣言することになるのだ。私たちにとって生は死より強く、愛は恐れより強く、希望は絶望より強い、と。

友人のディーン・ハマーが、妻ケイティとのあいだに生まれることになった赤ちゃんについて話してくれたことを、私は今でも鮮やかに覚えている。ディーンは武装解除要求運動「鋤」〔“Plowshares”イザヤ書2章4節「剣を鋤に」に出てくる平和を象徴する語〕に携わっていたため、市民的不服従の罪で投獄され、数か月を獄中で過ごしたところだった。そしてさらなる判決が下されれば、あと数年間、鉄格子のなかで過ごさなければならないという事態に直面していた。しかし自分たちの個人的な未来に関するあらゆる不安と、世界の未来に対する深い懸念のさなかにあって、この赤ちゃんを待ち望むことは、彼ら夫婦にとって、別のタイプの不服従に感じられた。それは、死を生み出すことしかできない力に対する不服従である。ハンナが生まれると、彼女は神の、死に対する生の勝利の印と見なされた。

私はディーンとケイティとは長年の知り合いであり、核軍拡競争に対する彼らの苦しい闘いをずっと見ていたので、これまで赤ちゃんに対して抱いたことのない視点でハンナを見ることができた。この小さくて壊れてしまいそうな新しい子ども、信頼しきって、美しい黒い目で私を見つめてくれた子どもは、抵抗について、私がこれまで知らなかった新しいことを教えてくれた。楽観主義が愚かしく見えるときでさえ、そこには希望があること。人々が恐れによって死ぬときでさえ、そこには愛があること。自らの急速な衰退を嘆き喪服に身を包んだ文明のなかにあってさえ、そこには喜び祝う理由があること――こうしたことを、ハンナは私に教えてくれた。

私は小さなハンナを抱き、ディーンとケイティがとてもうれしそうにしているのを見たとき、死に対する「ノー」はディーンを刑務所に送りこむ結果を招きはしたものの、このように希望に満ちた「ノー」なのだとわかった。なぜならこの「ノー」は、力強く恐れを知らない「イエス」で裏打ちされていたからだ。そして小さなハンナを腕に抱いていると、核兵器に抗議することを、まだ生まれていない子どもを護ること、心身に重い障害のある人をケアすること、高齢者をサポートすること、死刑囚監房にいる囚人の命を支えること、命が危険にさらされているすべての人に手を差しのべることと結びつけるのが容易になる。命の主は「傷ついた葦を折らず／くすぶる灯心の火を消」すことのない主である（イザヤ書四二・三）。しかし功利主義で実益主義、日増しに便宜主義的になっていくこの社会のなかで、弱い人、囚人、うち砕かれた人、死にゆく人たちのいられる場所は、ますます狭くなっていく。傷ついた葦はたちまち折って捨てられ、くすぶる灯心の火もたちまち消されてしまう。

私は抵抗の行為としての生の肯定について思いめぐらすにつれて、死の力ときわめて明瞭な対照をなす三つの生の様相を見出すようになった。それは謙虚さと共感《コンパッション》と喜びだ。したがって生のこの三つの様相は、抵抗者の「イエス」をも特徴づけるものでなければならない。謙虚さと共感と喜びに満ちた「イエス」がどのように真の平和への道となるのか、このあともう少し見ていきたい。

謙虚な「イエス」

平和をつくる者の生に対する「イエス」は、まず何よりも謙虚な「イエス」である。英語humble（謙虚な）は「土」を意味するラテン語*humus*に由来する。謙虚な人々は土に近いところにいるので、自分の生をほかのあらゆる生と深く結びついているものとして見たり経験したりすることができる。ラテンアメリカへの訪問で私が学んだことは、何よりもまず、貧しい人々の謙虚さだった。彼らの謙虚さは、自己卑下とは関係なく、土地とそこに住む人々との結びつきに関係がある。私たちの現代文明においては、ほかの人と違うこと、ユニークであること、特別であることがあまりに重視されているので、そんななかで真の結びつきを保つことは非常に難しい。私たちにとって最も重要な問いは「私はほかの人とどこが異なっているだろうか」である。この問いはしばしば、被造物である人間として私たちがもつ基本的な同一性への視点を失わせる。謙虚さは、私たちが神のつくられた世界の一部であり、人間としてみな仲間であり、生きて動くすべてのものと密接に結びついていることに、喜びをもって気づくことだ。自分の特異性がいちばんの関心事である限り、私たちは他者との比較と競争という危険な道に、自らを置くことになる。各大陸の多くの国がこの道をたどるならば、暴力、戦争、そして地球の自滅さえ、現実となる可能性を帯びる。だが、私たちが人間としての密接な結びつきをすすんで自覚し、さらにはそれを喜びさえするならば、私たちは平和への道を進むことになる。年老いているか若いか、賢いか魅力に富んでいるか、見知らぬ人か友人か、ロシア人かアメリカ人かといったことは、人間という家族の一員であることほど重要ではなくなる。「私はほかのみんなと同じです。そしてそのことに感謝しています！」――このように宣言することは、私たちを自由にしてくれる。

平和をつくる者の「イエス」が謙虚な「イエス」であることは重要だ。悲しんでいる友と静かな午後を過ごそうと考えることは、大々的な平和活動に劣らず重要だ。人の目に触れる公の平和活動は、人々に人間の傲慢とうぬぼれの悲惨な結果を気づかせるうえで重要だが、苦しんでいる友と午後を過ごすだけでも、私たちの共通の人間性をつつましく喜び祝うことになる。このようなシンプルな行動は、まさに一粒のからし種を蒔くようなものだ。

病気の人を見舞うこと、飢えた人に食べさせること、死にゆく人を慰めること、ホームレスに住まいを与えることは、人々の関心を引かないかもしれないし、将来起こり得る核によるホロコーストの視点からすれば、無意味と見なされるかもしれない。世間ではこのような声が多く聞かれる。「このような小さな慈悲の行為は時間の無駄だ。軍拡競争を食い止めることが緊急の課題となっているこんな時に」。しかし平和をつくる者たちは知っている。真の平和は神からの賜物であり、統計や成功の尺度、評判とは関係ない、と。平和は生そのものとよく似ている。それはそっと密やかに自らを現す。病気の友人と過ごす「無駄になった午後」が、平和をつくるための「真の」働きの中断にすぎないなどと、誰が言えるだろうか。それは平和に対する最も現実的な貢献かもしれないのだ。誰に真相がわかるだろうか。イエスの道は謙虚さの道なのである。イエスは私たちにこう言われた。「私は柔和で心のへりくだった〔謙虚な〕者だから、……私に学びなさい」（マタイ一一・二九）。生のあらゆる形に対して発する謙虚な「イエス」は――たとえあまり気づかれることがなくても――すべての人との深いつながりを肯定し、平和のための真の土台を形づくる。

共感をこめた「イエス」

平和をつくる者の「イエス」はまた、共感の強くこもった「イエス」でなければならない。それは、一人ひとりの具体的な独自の苦しみを常に心に留めた「イエス」だ。私はここ数年、人々に対してよりも数々の問題に対して注意を向けたくなる誘惑に駆られることに、ますます気づくようになった。しかし平和のための私たちの働きがまず問題に対する取り組みとなるとき、それは打算的で冷たく、ひどく非人間的な活動に陥りやすい。私たちがさまざまな問題のために闘い、もはや独自の人格と経歴をもった具体的な人間に目を向けなくなるとき、競争が共感を威圧し、問題の解決が人々を見失うことを意味するようになりかねない。貧困、抑圧、搾取、腐敗――世界にはありとあらゆる問題があり、緊急に対処することが切望されている。しかし人々は「問題」ではない。彼らは笑い、泣き、働き、遊び、苦闘し、祝う。彼らには思い起こしてもらうべき名前と顔がある。

私が初めてペルーを訪問したとき、ぜひそこへ行きたいという動機となったのは、ラテンアメリカの抱える喫緊の問題だった。識字率の低さ、栄養不良、健康状態の悪さ、乳幼児死亡率の高さなどの問題を、それまで私は人から聞いたり読んだりしていた。私は自分の特権的な立場にすっかり圧倒され、自分が「栄光ある孤立」をしていることに、もはや耐えられなくなった。そして同じ人間である仲間たちの苦しみを和らげるために、何かがしたいと思ったのだった。しかしペルーに到着してそこで生活しはじめると、何よりも知りたいと思ったのは数々の問題ではなく、人々のことだった。背中の痛みに悩まされているソフィア。失業を繰り返しているパブロ。自分の人形がほしいマリア。図書館に行って本が読みたいパブリート。私をからかうのが好きなファニート。彼らは確かに貧困や抑圧や搾取に苦しんではいたが、私に対して何よりも求めてきたことは、多くの問題を解決してほしいということではなかった。そうではなく、彼らと友だちになること、生活を分かちあうこと、彼らが悲しいときには共に悲しみ、うれしいときには共に喜ぶことを求めてきたのだ。

私たちの「イエス」が共感のこもったものである限り、つまり相手である人間に向けたものである限り、現代の複雑な問題が私たちを絶望に引きずりこむことはなく、私たちの心は愛で燃えるものとなるだろう。私たちは問題を愛することはできないが、人々を愛することはできる。そして人々への愛は、問題を解決するための道を明らかにしてくれる。共感に満ちた抵抗者は、いつも現実の人間の目をまっすぐに見る。そして「本当の問題」はこれだ、とあまりにもすぐ決めつけようとしがちな私たちの傾向に屈することがない。

私たちの生きている世界を批判的に分析することが必要なのは、まちがいない。私たちは、貧困や飢餓、ホームレス、抑圧、戦争を生じさせるおもな力を突き止めようとする必要がある。助けを必要としている一人ひとりを手助けすることは、最終的な答えにはならない。しかし抽象的な問題に圧倒されるあまり、注意を向けるべき男性や女性、子どもたちの具体的な日々の痛みを顧みなくなるならば、私たちはすでに死の悪魔の誘惑を受けているのだ。イエスはこの世の問題をその根底から理解しておられたが、どこへ行くときも、人々の具体的なニーズに応えた。目の見えない男性はふたたび見えるようになった。病気の女性は癒やされた。母親は死んだ息子が生き返るのを見た。あわてふためいた結婚式の宴会の世話役は、必要なぶどう酒を与えられた。何千もの飢えた人々はパンと魚を与えられた。ご自身が人々に与えた助けはもっと大きな刷新の印にすぎないことを、イエスは十分理解しておられた。しかしだからと言って、イエスがご自分の出会った人々の具体的で差し迫った関心事に応えないことなど、決してなかった。

喜びに満ちた「イエス」

最後の特徴として、平和をつくる者の「イエス」は喜びに満ちた「イエス」である。謙虚さと共感の結ぶ実は喜びだ。死と破壊の力に悲しい心で抵抗するとき、私たちは平和をもたらすことはできない。喜びは、私たちがイエスの霊のうちで働いていることの、最も確かな印のひとつである。イエスはいつも喜びを約束してくださる。それは出産を終えた母親の喜びのような喜び（ヨハネ一六・二一参照）、誰も私たちから奪い去ることのできない喜び（ヨハネ一六・二二参照）、この世のものではなく神の喜びに与る喜び、つまり完全な喜び（ヨハネ一五・一一参照）だ。真に平和をつくる者であることを示す印として、喜びほど確かな印は、おそらくほかにないだろう。

悲しみ、敵意、怒り、憂鬱は、私たちがどれほど死の力の近くに来てしまったかを示す印だ。喜びのあるところに生がある。エリサベトがいとこマリアの挨拶を聞いたとき、その胎内の子が喜びで躍った（ルカ一・四四参照）。新しい命はいつも喜びで躍る――子を迎える親たち、世界を発見していく子どもたち、恋に落ちた若い人たち、自然の美に感嘆して立ちつくす人々。喜びは、予期していなかったものへの自由な跳躍、新しいものの高揚、希望をもって天に手を伸ばすこと、神の国に触れること、期待に満ちた忍び足だ。悲しみはいつもよどんでいて重く、古い。古い喜びというものは存在しない。喜びはいつも動いていて、軽く新しい。

生の肯定は常に喜びをもたらす。最も貧しい人々と共に働く人々の顔から放射される喜びに、私はいつも驚かされる。こうした男女の多くが生活し働いている場所のみすぼらしい、そして見たところ希望のない状態を初めて見たとき、そこには失意と絶望があるのだろうと私は思った。だが、最も熱心に取り組んでいる人々のあいだに私が見出したのは、喜びだった。彼らは小さな子どもたちに読み書きを教えながら、飢えた人々に食べ物を与えながら、病気の人を訪問しながら、死にゆく人をケアしながら、自分の心のなかで大きく育ってきた喜びについて、私に語ってくれた。ある人はこう言った。「ここの貧しい人たちといるのが、私は大好きなんです。私はここでイエスを知るようになりました。イエスは私がこれまで知らなかった喜びを与えてくださいます」。

私は初めてこれを耳にしたとき、とてもうらやましくなった。私はそのような喜びを欲していたが、私がほとんどの時間を共に過ごす学者や教師や学生たちのあいだでは、それを見出すことができずにいた。私の友人たちも私も、なんと陰気で悲しげなのだろうと、私は不意に衝撃を受けた。私たちには十分な食べ物と安全な居場所、そして十分すぎるほどの医療と教育もある。でも、私たちは喜びに満ちた生活をしているだろうか。なぜ私たちはいつもこれほど真面目なのだろう。なぜこれほど張りつめていて、次にやらなければならないことで頭がいっぱいなのだろう。小さな失敗のあとで、なぜこれほど落ちこむのだろう。気づいてもらえないとき、なぜこれほど気を揉むのだろう。拒絶されたとき、なぜこれほど腹を立てるのだろう。人生が計画どおりにならないとき、なぜこれほど深く悲しむのだろう。多くの複雑な問題でがんじがらめになっているとき、悲しみは本当に私たちを覆い尽くし、閉じこめることができるのだ。そして、私たちがこれほどまでに望んでいる喜びを奪い去ってしまう。

平和をつくる人々の多くは現代の大きな脅威に圧倒され、喜びを失って、運命の預言者になってしまっている。しかし、険しい顔つきで世の終わりを告げ、人々を平和運動へと駆り立てようと望む者は、平和をつくる者ではない。平和と喜びは、兄弟と姉妹のようなものだ。平和のない喜びはないし、喜びのない平和もない。自分の人生のなかで、喜びはないが平和だったというときのことは思いだせない。福音書のなかで、喜びと平和はいつも一緒に見出される。平和の君であるキリストの誕生を告げる天使は、羊飼いたちに言った。「私は、すべての民に与えられる大きな喜びを告げる」（ルカ二・一〇）。イエスが地上で平和のわざを終え、天に上げられたとき、弟子たちは「大喜びで」エルサレムに戻った（ルカ二四・五二）。このように、平和の福音は喜びの福音でもある。このように、平和のわざは喜びのわざでもある。

この喜びは、必ずしも幸福を意味するわけではない。この世界において私たちは、喜びと悲しみは正反対であり、喜びは痛みや苦しみ、苦悩や嘆きと相容れないと信じこまされている。しかし、福音の喜びは十字架上で生まれたのだ。それは勝利者たちの不毛な幸福ではなく、闘いのさなかにひっそりと隠れている深い喜びだ。それは悪と死が私たちに最終的な力を及ぼすことができないと知っている喜びだ。この喜びはイエスの言葉にしっかりと結びついている。「あなたがたには世で苦難がある。しかし、勇気を出しなさい。私はすでに世に勝っている」(ヨハネ一六・三三)。

立ち向かいなさい――信仰をしっかりと保って

このように、死に対する「ノー」が実りをもたらすことができるのは、生に対し、謙虚で共感のこもった喜びに満ちた「イエス」が語られ、実行されるときだけだ。抵抗が真に霊的な働きとなるのは、死に対する「ノー」と生に対する「イエス」とが分離していないときだけだ。

飢餓と貧困、そして核戦争の脅威がますます広がっていくなかで、私たちがおびえ、希望を失う理由は数多くある。私たちを取り囲む死の声を聞き、死の力が優位にあることを示す多くの印を見るとき、それでも生が死より強いと信じるのは難しくなる。核戦争のことなどまだ誰も知らなかった時代に、ペトロは人々にこう警告している。「あなたがたの敵である悪魔が、ほえたける獅子のように、誰かを食い尽くそうと歩き回っています」(Iペトロ五・八)。この言葉は、新しい具体性をもって私たちに訴えかけてくる。私たちの恐怖を、なんと巧みに要約していることか。私たちの恐怖は、まさに私たちを食い裂こ

う と歩きまわっている、ほえたける獅子への恐怖なのである。

ペトロはこの獅子に対して、どのように応じたのだろうか。「立ち向かいなさい」とペトロは言う。「信仰をしっかりと保ち」つつ（Ⅰペトロ五・九）、と。そしてこれこそが、いかなる脅威に対しても私たちが示すべき霊的応答の要約となっている。それは信仰に満ちた抵抗――自分の経験や技術、知性や意志の力に基づくのではなく、この世を支配する悪と死の力にすでにうち勝ったキリストへの信仰に基づく抵抗である。個々人の死も私たち人類全体の死も含め、キリストがすべての死に勝利したことを通して、死はもはや私たちに最終的な力を及ぼすことができない。私たちはもはや暗い絶望の世界に閉じこめられてはいない。死の入りこむ余地がなく生が永遠に続く、神の内なるわが家を、私たちはすでに見つけたのだ。私たちはまだこの世にいるが、もはやこの世には属していない。私たちは信仰によって、すでに今から神の家の一員となることを許され、すでに今から尽きることのない神の愛を味わうことを許されている。私たちは本当はどこに属しているのか――これを知ることによってこそ私たちは自由になり、死に対して力強く抵抗する者となれるのである。どこへ行くときも謙虚に、共感と喜びをもって生を高らかに宣言しながら。

祈りの一形態としての抵抗

私たちはどこで祈るか

抵抗における「ノー」と「イエス」の側面を考察してきたが、ここでもうひとつ説明しておきたいことがある。抵抗は祈りの対極にあるのではなく、実は祈りそのものの一形態であるということだ。平和をつくるための働きの行動的部分は抵抗、観想的部分は祈りと私たちは考える傾向があり、それを克服するのは難しい。しかし私たちが平和をつくるための働きの意味を十分に把握できるのは、祈りが抵抗の一形態であるだけではなく、抵抗が祈りの一形態であることを理解するときだけだ。私はこのことにますます確信をもつようになった。

私がこのことを十分理解するようになるには、多くの歳月が必要だった。なぜそれほど時間がかかったのかと言えば、おそらく抵抗の最も公の形に携わることを避けてきたからではないかと思う。それどころか長いあいだ、抵抗に対して根強い抵抗感があったのだ。オフィスビルや工場の前で核戦争反対のデモに参加している人々を見るたびに、私は内心、いらだちを感じていた。デモに参加している人たちは、怒るしか能のない人たちなのだろうと考えて、私はしばしば自分のいらだちを正当化しようとした。また、プラカードを掲げ、貧相な服装をしたこの小さな一団はまったく効果を上げていない、とも思いこんでいた。彼らは何も変えることができないばかりか、普通のやり方で平和のために働こうとする人たちにとっては、ものごとを余計に悪くしている、と思ったのだ。

だが友人たちから誘われ、もっと近くからよく見るようにと言われたとき、私はそれまでの自分であったなら、抵抗者たちのこの小さなグループの仲間に入れてもらえなかっただけではなく、イエスとその弟子たちの仲間にも入れてもらえなかったのではないかと、次第に思うようになった。抵抗者たちの態度、言葉、行動は、私たちが接点を失っている現実に関心を向けていた。それは、人々のあいだの分断を取り去り一致を取りもどす、神の赦しと愛の映しだされた姿だった。私が説教壇で語り、本の中で書いてきたことが、こうした「路上でデモ行進をする人々」によって、直接的で具体的な、目に見えるものとなった。主日の朝の立派な儀式のなかで語ったときには誰もが納得しているように思えていたことが、核施設の前で実演された行動を目の当たりにすると、急に役立たずで大袈裟な、腹立たしいものに思えてきた。抵抗をしている友人たちに近づけば近づくほど、彼らは死の力が最もはっきり見える場所で、まさしく生ける者の神を証言しているのだとわかってきた。

そしてある年、聖週間にエレクトリック・ボート社で行う徹夜の祈りに一緒に参加しないかと、神学部の学生たちの小さなグループから誘われた。エレクトリック・ボートとは、コネティカット州グロトンにある原子力潜水艦の造船所だ。私はこの学生たちが、勤勉で知性に富み、深い信仰をもった男女であることを知っていた。彼らは私自身の信じていることを理解したうえで、私のために真摯な願いをもって誘ってくれたのだった。私は神の言葉を語るだけでよいことがわかった。その場所で語れば、それは明らかに死の力と対決するものとして聞かれることになり、人々の回心を招くものとなるだろう。私は自分が物笑いの種になるのではないかと不安を感じたが、答えはひとつしかないことがわかっていた。そして私はその誘いに「イエス」と答えた。

聖木曜日に、私たちは聖金曜日に行われる平和活動の準備のために集まった。この活動グループについて私が最初に知ったのは、それが実は祈りのグループであるということだった。何か月ものあいだ、少なくとも週一度集まって、彼らは祈ってきた。そしてそのあいだ、次第に神の導きに耳を傾けることのできる者たちの共同体へと成長してきた。彼らは共に聖書を読んで学び、自分の恐れや不安を語り、自分の最も深い確信を表現する言葉を見つけようとした。やがて彼らはある決断に達した。自分たちの最も深い恐れの原因となっている場所に、自分たちの祈りをもっていくべきだ、と。その場所は、トライデント潜水艦がつくられている場所だった。

神学を学ぶこの学生たちのほとんどにとって、それは困難に満ち、ゆっくりとしか進まない霊的な旅だった。彼らの多くは、教会の権威への敬意と政府への敬意とが矛盾しあうことのない、伝統的なアメリカの家庭の出身だった。政府が国民を護るために必要と考えるものに対して公に抵抗すれば、周囲から強い反感を買うことになる。それでも、トライデント潜水艦がもたらし得る最終的な破滅についてさまざまなものを読みながら、日々、神の言葉に静かに耳を傾けるうちに、学生たちは明確な結論に至った。「政府がグロトンで行っていることに、私たちは『ノー』と言わなければならない」。ある学生は、法を破らなければならないのだから逮捕されるかもしれない、と感じた。そのことはあまり感じていない学生もいた。だが、死に対しては「ノー」、命の神に対しては「イエス」と言わなければならないという内なる呼びかけについては、全員が一致していた。しかも、世界がそれに反応してくれるように、目に見える、普通とは違ったやり方で言わなければならない、と。

私が何より感銘を受けたのは、これらの友人たちが、戦争をつくりだす者たちに拳を振りあげて彼らを脅すためにグロトンに行こうとしているわけではない、ということだった。友人たちの祈りから何かが立ち現れたとすれば、それはまず自分たち自身が変わらなければならないこと、自己正当化にはまったく何の根拠もないということだった。よい人間である「私たち」が悪い人間である「彼ら」に抗議する、ということではない。その反対に、エレクトリック・ボート社で毎日長時間働く人たちも、私たちと同じように戦争をつくりだす罠に捕らわれているのだと、学生たちは深く認識していた。エレクトリック・ボートの労働者たちは、家族を養い子どもたちを教育するために十分な収入を得なければならない。彼らは自分の尊厳と自尊心のために働く。彼らが働くのは、仲間である人間を愛し、自分たちの国を愛し、自分たちの神を愛するからだ。言語を絶する悲劇は、彼らの勤労によってつくりだされるものがもし使用されることがあれば、心をかけるべき相手がもはや誰もいなくなってしまうことだ。

聖金曜日の平和活動に誘ってくれた学生たちの話に耳を傾けるにつれて、その活動は悔い改めのための巡礼であり、他人だけではなく自分をも見つめる機会であり、誰よりもまず呼びかけている当人を含めた回心への呼びかけであるらしいことがわかってきた。学生たちは、私にある預言者を思い起こさせた。その預言者は、回心への呼びかけなどにいったい効果があるのだろうかと批判されたが、批判する人々に対して次の言葉で応えた。「私が世の悪に抵抗するようにと説いているのは、世界を変えるためだけではない。世界が私を変えてしまうのを防ぐためだ」。

十字架の道行き

聖金曜日に私たちはグロトンへ行った。エレクトリック・ボート社の管理棟の前で、平和の証人となるためだ。私はグループのリーダーから、十字架の道行きを先導してほしいと頼まれた。私は苦笑せずにはいられなかった。グループの学生たちは、バプテスト、長老派、ルター派、合同キリスト教会、カトリックという具合に教派がさまざまなのに、そのようなグループで十字架の道行きをするとは。子どものころ、私はよく教会で十字架の道行きの十四の留をたどった。この十四の留は、イエスがポンティオ・ピラトから死刑の宣告を受けてから埋葬されるまでの十四の出来事を記念するものだ。これらの出来事は、絵画や彫刻で鮮やかに描かれている。高校のチャペルで昼休みに、オランダ人のティーンエイジャーの友人たちと共に、時々ではなく週に何度も十字架の道行きをしたことを、私はよく覚えている。

だが年齢を重ねるにつれて、十字架の道行きはまもなく子ども時代の敬虔な思い出になった。第二ヴァチカン公会議によって宗教に関する私の意識は大きく変わったので、ほかのカトリックの仲間と同様、私はこのような信心業をやめてしまい、公の典礼に重点を置くようになった。公会議から二十年たった今、私が神学部の学生たちのエキュメニカルなグループを先導して十字架の道行きをするとは、誰が想像できただろう？　しかも、コネティカット州グロトンの路上で、差し迫る核によるホロコーストへの抵抗を祈りによって示す行動として、道行きをするとは。

彼はご自分を殺そうとしている者たちのために死なれた

私たちが予定の場所に着くと、私は白い祭服を着て紫色のストールを首にかけ、学生たちがこの儀式のために用意した大きな木製の十字架のあとをついていった。決めておいた十四人の学生がそれぞれの留でイエスの受難を省察し、別の十四人の学生が、イエスの受難は今日の核の脅威に何を語りかけるかを語った。

私たちは言葉と歌をもってだけではなく、沈黙のうちにも熱心に祈った。私たちは、これまでどの教会でも聞けなかった形で、イエスの苦しみの物語を聞いた。自分がどう感じたかを完全に把握するのは難しいが、これまで経験したことのない何か新しいことが、私のなかに起きていた。祈りは危険を伴わないニュートラルな出来事だと思っていたが、そうではないことがよくわかってきた。さらに、死と復活、苦しみと新しい生についてこれまで私がたびたび語ってきたことが、突然、新しい力を帯びるようになった。それは死の敗北を明確に宣言し、生を呼び起こす力だ。

抵抗は典礼

私がこの個人的な物語を語ったのは、抵抗が祈りと対照をなす行動ではなく、祈りの真の一形態であることに、この経験を通して気づいたからだ。戦争への抵抗に関する私自身のごく限られた経験を語ったうえで、私はあえてこう言いたい。生ける神の名において抵抗する者にとって、抵抗は祈りであるだけでなく典礼でもある、と。グロトンでの経験をさらに振りかえるにつれて、それは典礼の経験であると容易に見なせるし、そのように理解できるとわかってきた。liturgy（典礼）という英語は、「人々の務め」を意味するギリシア語の *ergos to lao* という句に由来する。典礼は、神の民による礼拝《ワーシップ》という共同の務めなのである。

グロトンにおける聖金曜日の私の経験は、キリスト者である抵抗者たちが典礼によって平和をつくる力を取り戻す多くの方法の一例にすぎない。幼子殉教者の祝日（十二月二十八日）や主の変容の祝日（八月六日）などの伝統的祝日は、私たちの時代にとって回心への根源的な呼びかけとなり得るだろう。私たちのこの時代は、子どもたちが核爆弾の罪なき犠牲になりかねない時代であり、また、命を与えてくれるタボル山の光が、ヒロシマの死をもたらす光に置き換えられてしまった時代だからである。

平和運動が深く力強いものとなるにつれて、これ以外の祝祭日も平和をつくりだすための日になりつつある。一九八三年にはワシントン大聖堂で「平和聖霊降臨日《ペンテコステ》」が祝われ、その翌日には国会議事堂で市民による大規模な不服従運動が行われたが、これも「典礼刷新」の一例と言えるだろう。このような典礼においては読まれた聖書、歌われた聖歌、分かちあわれた賜物が、人々の意識を変容させる。そして人々がそこから出て行き、派遣された場で神の平和を生きるための力を与えるのだ。たとえその派遣が、人々を嘲笑と拒絶、刑務所へと導くものであるとしても。このように教会暦が平和をつくりだすための暦となるのを知るとき、待降節や降誕日、公現日、四旬節、復活日、聖霊降臨日など多くの祝祭日や期節が、それぞれ独自の平和のメッセージをもっていることにあらためて気づく。今世紀が歴史上最後の世紀になるかもしれない脅威のもとで私たちは生きているゆえに、教会暦のすべての祝祭は、キリストの平和を告げ知らせるものとならなければならない。その平和はこの世のものではなく、世の救いのためにこの世にもたらされたものなのである。

礼拝によって、私たちは共に新しい天と新しい地をつくりだす。そして私たちのあいだに神の国の礎を築く。神に対しても他者に対しても傷つきやすいままの自分をさらし、これらの平和の印をごくシンプルに分かちあうことによって、私たちはこの世界の中心に神の住まいを築く。こうして私たちは、神の平和の言葉の受肉を今ここで実現し、闇のなかに住む人々を誘って、共に神の愛の家に入るよう招く。

私はこうしたことが真実であるとずっと信じてきた。だが死の道具が作られている場所の前で行われたこの礼拝を見て経験したとき、平和をつくるための神の民の働きがいかに根源的に重要なものであるかを理解するようになったのである。

成功したかどうかを問うのではなく

ここまで書いてきたことによって、平和をつくるための働きの理想の形は路上での典礼だという印象をもしも与えているとすれば、それはまちがいだ。抵抗がまさしく祈りや信心業の一形態であることを、具体例を通して説明したかったただけなのである。これは私にとってとても重要なことだ。どれほど抵抗を重ねても、社会・経済的あるいは政治的状況にこれといった変化が見られないとき、抵抗する者のあまりに多くが「燃え尽き」を経験する。変化を夢見て長年、苦心してきた多くの人が、ついには絶望して諦めてしまう。ものごとが少しもよくならず、それどころか悪くなっていることに気づいたとき、政党や企業や公務に就いている人々がそのやり方を変えていないことに気づいたとき、彼らは消極的な諦めの境地に引きこもり、これ以上努力しても意味がないと思うようになる。

しかしキリスト者の抵抗は、成功の印によって左右されるべきではない。それはまず何よりも霊的な抵抗であり、結果ではなく、抵抗自体にどれだけの誠意をこめているかが問題となる。成功を指向するこの世界の呪縛から解かれ、祈りと賛美の神の家に入ったならば、私たちの抵抗は「有用」でなければならないという思いこみから自由になれるだろう。

そして私たちの抵抗は、死に取りつかれた世界のただなかにあって、生ける神の確かな証言となることができるだろう。死の力に抵抗するために私たちがなすことはすべて、何よりもまず生ける神を礼拝することの表現であるべきだ。

平和のためのデモ行進をしている多くの人々の行動を見ると、私たちは彼らの「役立たず」の活動を小馬鹿にしたくなるかもしれない。だが彼らは何よりもまず自分たちの神に忠実であるために、そしていつでもどこでも神に賛美をささげるためにやっているのだとわかると、彼らがダニエル書に登場する三人の若者に見えてくるかもしれない。三人の若者は、ネブカドネツァル王がつくった金の像を拝むことを拒み、代わりに燃えさかる炉のなかで神をたたえたのだった（三章）。

人々に与える影響よりも大切なのは、まちがいなく私たち自身の霊的な誠実さだ。私たちが主イエス・キリストから受け取った新しい自分に忠実であろうとするなら、増し加わっていく死の力の前で黙ったまま、それを容認するわけにはいかない。そのままにはしないために「ノー」と言う責任を、私たちは神に対しても自分自身に対しても負っている。それゆえ沈黙していることは、戦争の共謀者になること、ひいては神が与えてくださった平和の賜物を失うことを意味する。ここで私たちは、あらゆる抵抗の核心に触れる。抵抗は、自分とは何者かという自身の最も深い理解から流れ出る行為だ。それは偽りやごまかしのない、全霊をかけた行為だ。それは神の家で見つけた平和を告げ知らせる行為だ。それは変革をもたらすイエスの力をもって変えられた自分を表現する行為だ。この意味で、抵抗は真の祈りの行為なのである。そして真の祈りは、結果がどうなるかを計算したりはしない。

抵抗のさまざまな方法

キリスト者の誰もが、自分には平和のためのデモに参加したり市民的不服従を実行したりする使命があると感じているわけではない。個人的なことを言えば、私はどのような法であれそれを破ることに、強い抵抗を常に感じてきた。今のところ、私はまだ自分が平和のために逮捕されたり投獄されたりするよう呼ばれているとは感じていない。投獄されることは、人々を平和という大義に引きつけるよりも、そこから遠ざけるのではないかと、私はいつも疑問に思ってきた。だがおそらく、私はほかの人々への影響を気にしすぎていて、自分自身の霊的促しにあまり忠実ではないのだろう。正直に言って、私を引き留めているのが慎重さなのか臆病さなのか、確信なのか実際的視点なのか、忠実さなのか恐れなのか、よくわからない。ただひとつわかっているのは、二、三年前には自分とは異質で到底受け入れ難いと思えたものが、今は少なくとも自分のこれまでの態度を考えなおすよう促すものとして立ち現れたことだ。

　こうしたことすべてにおいて、はっきりさせておくべきことがある。デモや非暴力の市民的不服従について、私たちの意見は食い違うことがあるが、それを平和のための働きに携わらないことの理由としてはならない、ということだ。すべてのキリスト者が平和のために同じやり方で行動することが重要なわけではないし、平和をつくりだすためのあらゆる方法に賛同することさえ、実は重要ではない。重要なのは、さまざまな行動がすべて、個人あるいは共同の祈りの一形態としてなされ、経験されることだ。なぜならそのときだけ、私たちは生涯にわたる抵抗者となれるのだから。このような抵抗は、平和教育のプログラムに携わることかもしれない。公の場で語ったり書いたりすることかもしれない。軍国主義的な友人に対し、穏やかに対応することかもしれない。それだけではない。病気の人を見舞うこと、飢えている人を助けること、弱者を護ることも含まれるかもしれない。しかし、このような行為が怒りや敵意をもった心から生じる限り、それは善より悪をなすことになりかねない。一方、このような行為が、神の家の一員であることへの感謝を表現しているなら、私たちはもはやその行為が実を結ぶかどうかを心配する必要はない。神から来るものがそのまま空しく神に戻ることはないからである〔イザヤ書五五・一〇―一一参照〕。

祈りは、人々との新しく創造的な関係を私たちにもたらすときにのみ、実りあるものとなり得る。また抵抗は、神と私たちの関係を深め強めるときにのみ、実りあるものとなり得る。キリスト者が平和をつくるための二本の柱である祈りと抵抗は、私たちが神の家で見つけた平和に表現を与える、二つの結びあわさった方法なのだ。祈りも抵抗も同じ源から発しており、同じ到達点へと向かう。

非暴力の道

キリスト者の抵抗は非暴力である。私たちがもたらそうとしている平和は、この世のものではないからだ。そのような平和は、敵を隷属化することによってではなく、敵の心の向きを変えることによってもたらされる。力を誇示することによってではなく、互いの弱さを告白して分かちあうことによってもたらされる。敵が近づけないようにするのではなく、防備していない自分を相手にさらすことによって、復讐によってではなく、もう一方の頬をも相手に向けることによって、暴力によってではなく、愛によってもたらされる。イエスはどのようにすればよいかを見せてくださった。ピラトから「お前はユダヤ人の王なのか」とたずねられたとき、イエスはお答えになった。「私の国は、この世のものではない。もし、この世のものであれば、私をユダヤ人に引き渡さないように、部下が戦ったことだろう。しかし実際、私の国はこの世のものではない」（ヨハネ一八・三三―三六）。そしてイエスは、十二軍団以上の天使を送ってもらって助かることもできたのに（マタイ二六・五三参照）、何も護ってくれるもののない傷つきやすい裸の姿で、十字架上で孤独に死ぬことを選ばれた。イエスの道は、呪いの言葉や武器、暴力や権力をもたない道だ。イエスにとっては、征服されるべき国、押しつけられるべきイデオロギー、支配されるべき人々など存在しない。愛されるべき子どもたち、女性たち、男性たちが存在するだけだ。そして愛は武器を用いることがない。愛は力のなかではなく無力のなかで示される。

イエスはあとに続く者たちすべてに、この道をたどるようにと要求する。それは非武装で非暴力の、力を用いない抵抗の道だ。この道を選んだ者たちは、その道が内包する霊的な力を見出した。セサール・チャベス〔アメリカの労働運動家〕は言った。「人々が非暴力のもつ力――それが生み出すエネルギーと愛、それが共同体全体から引き出す反応――

を理解したならば、それを簡単に捨て去ることはないだろう」。マーティン・ルーサー・キング・ジュニアはこの道を模索し、次のように書いた。「暴力に対し暴力で返すことは、暴力を倍増させる。すでに星のない夜の闇を、いっそう深めることになる。闇は闇を追いはらうことができない。それができるのは光だけだ。憎しみは憎しみを追いはらうことができない。それができるのは愛だけだ」。私たちが世界をもはや恐れと疑い、不安の目では見ず、すべての人に限りない無条件の愛を注いでくださる神の目を通して見るとき、愛による非武装の抵抗が可能となる。

平和をもたらす抵抗は世界を、護るべき味方と壊滅させるべき敵に分けることはない。このような区別のない住まいに、神は私たちを招いてくださった。平和をつくる道はただひとつであり、それは神の道だ。そして神の道は、イエスの死を通して私たちが知ることになった、非武装の道だ。この道——愛の道、平和の道、十字架の道——をたどることによって、私たちは神の子になる。「平和を造る人々は、幸いである」とイエスは言われた。「その人たちは神の子と呼ばれる」（マタイ五・九）からだ。

憎しみと分裂、対立と戦争、そして死に抵抗することは、神を敬い称えることにほかならない。非暴力について、フランスの偉大なキリスト教平和主義者アンドレ・トロクメは次のように記している。「非暴力とは何よりも神の証言である。もしも非暴力がただ『全世界を獲得する』ための方法になり下がるならば、それは胡散臭い高潔さを世に示すための手段として、たちまちいくつもの政党に利用されてしまうだろう。そんなことになれば、世界はいったいどうなってしまうだろう」。

反対意見がないわけではない

しかし非暴力の抵抗は、人々から容易に受け入れられる道ではない。それどころか、暴力が平和のための唯一で必然の道であると考える人々は、非暴力の抵抗者たちを非現実的で考えが甘いと判断するだけではなく、彼らを臆病者、敵との共謀者、国の大義に対する裏切り者と見なす。暴力を行使する者たちにとって非暴力の抵抗者たちは、大きな脅威となる。非暴力の抵抗者たちは、暴力を行使する者たちが巧みに操作し、他の者たちに押しつけようとする現実とは別の現実があることを示唆するからである。そして、まったく自分の身を護ろうとしておられないイエスが当時の権威者たちの嘲笑と怒りを買ったのとちょうど同じように、平和は剣によってつくられるものではないという確信に従って考え、語り、行動する者は誰でも、現代の権威者たちの嘲笑と怒りを買うことになる。

抵抗者がこの世で歓迎されないであろうことについて、イエスはほとんど疑わなかった。「人々はあなたがたを捕らえて迫害し、会堂や牢に引き渡し、私の名のために王や総督の前に引っ張って行く」（ルカ二一・一二）。「世があなたがたを憎むなら、あなたがたを憎む前に私を憎んだことを覚えておくがよい。……人々が私を迫害したなら、あなたがたをも迫害するだろう」（ヨハネ一五・一八、二〇）。

神を知り神に属する者となった人は、この世から見てよそ者となっている。彼らの「ノー」と彼らの「イエス」は、戦っている人々に理解されない。それどころか、彼らは人々の怒り、敵意、攻撃を呼び起こす。平和のメッセージは私たちの世界では歓迎されないからだ。非暴力によって平和をつくりだそうとする人々が今やっていることを続ける限り、彼らのうちのますます多くが迫害を受け、虐待され、刑務所に入れられるであろうことを、私はほとんど疑わない。

私たちが戦争に近づけば近づくほど、平和をつくる人々はひどい扱いを受けるだろう。戦争の準備への支持を広く得る必要性が高まれば高まるほど、抵抗者たちはますます過酷な扱いを受けるだろう。私はかつて、あるアメリカのキリスト者が韓国の牧師にこうたずねるのを聞いた。「あなたは刑務所に入れられ、長いあいだ、ご自分の信念のために苦しみました。でも、ここアメリカでこのような安楽な暮らしをしている私たちは、平和のために何ができるでしょうか」。韓国の牧師は穏やかにほほえんで言った。「ひとりのキリスト者として行動し続けるならば、あなたもまもなく私の行かされたところへ行くことになるでしょう」。アメリカの裁判所は今のところ非常に寛容で、時には戦争抵抗者たちまでも大目に見てくれている。しかし戦争の準備を進めている権力者たちが、平和をつくる人々をますます人々の敵と見なすようになるとき、反核デモをする人々がこれまでのように拘束されて一晩留置所に入れられるだけではすまなくなる日が来るかもしれない。

ひとりではなく共に

戦争に対して「ノー」、生に対して「イエス」と言う人々が過酷な人生を送るようになるとすれば、そのとき、キリスト者である抵抗者たちや非暴力によって平和をつくりだそうとする人々は、この世界で生き続けるためにどうすればよいだろうか。その答えはとてもシンプルだ――共に生きるのだ。私たちが抵抗を、ヒロイズムを伴う個人的行動であると見なす限り、途轍もない圧力を受けてなお生き延びることのできる平和をつくる者たち《ピースメイカーズ》は、多くはないだろう。平和を求めて行われる抵抗は、勇ましく勇気に満ちた個人による奮闘というよりも、むしろ信仰共同体の働きである。個人の場合、たとえ最良・最強の人であったとしても、すぐに疲弊し、落胆してしまうだろう。しかし抵抗の共同体は、そのメンバーたちが弱さと絶望にうちひしがれるときでも、耐えぬくことができる。平和をつくるための働きは、私たちが共に生きて取り組むときだけ持続可能になる。真摯で長続きする抵抗には共同体の存在が欠かせない。共同体がなければ、私たちはたちまち欠乏と傷、暴力と破壊、悪と死の闇の世界に引き戻され、呑みこまれてしまうだろう。この理由から、私は今ここで、平和をつくるための霊性の三つめの特徴である共同体について、語っておかなければならない。

第三章　共同体

祈りと抵抗は、共同体の一員であるときのみ、平和をつくるキリスト者の働きの表現となり得る。共同体という背景がなければ、祈りと抵抗はいともたやすく個人のヒロイズムになり下がる。こうして平和をつくる働きに携わっているつもりの者も、平和は争いによって達成されると信じている者たちの傲慢を分けもつことになる。聖パウロはテモテに終わりの日について語ったとき、こう警告した。「人々は、自分自身を愛し、……思い上がり、神を冒瀆……〔するように〕なります。……見た目は敬虔であっても、敬虔の力を否定するようになります」（Ⅱテモテ三・一―五）。私たちは熱心に祈り、あらゆる抵抗に携わるかもしれない。しかし「善を好ま」ない人（Ⅱテモテ三・三）があまりに多くいる社会において、私たちの最も敬虔な行為さえ、傲慢の表現とならないとは限らない。自分は神を喜ばせているという幻想のもとで、自分の内なる欲求を満たすことにふけってしまうのだ。私たちも容易に「人を裏切り、向こう見ずになり、高慢さのあまり気が変になり、神よりも快楽を愛する」ように（Ⅱテモテ三・四参照）なり得る。核による消滅に脅かされている今だからこそ、危機を煽りたてる者たちにだまされる危険は非常に大きく、私たちは平和をつくりだすどころかまったく逆のことをしてしまうことになりかねない。

この理由から、新しい人間の共同体において、神の平和の家、すなわち神の住まいを目に見えるものにすることが重要だ。協力しあうと同時に自分たちに批判の目を向けることもできる共同体に属するときのみ、平和をつくるための私たちの試みは、自分たちよりも神に仕えるものとなる。

しかし共同体がなすのは、祈りと抵抗をそのあるべき姿から逸れないように保護することだけではない。共同体は「新しい天と新しい地」（Ⅱペトロ三・一三）を最初に現実化したものでもある。共同体は平和を実現するための単なる手段ではない。それは私たちの追い求めている平和がその最初の形をとる場なのである。

告白と赦し

どのアメリカの都市であっても、通りを歩いているとき、地下鉄やバスで移動しているとき、鉄道の駅や空港で待っているとき、私たち人間はなんと互いに孤立しているのだろうという思いに駆られる。誰からも挨拶の言葉をかけられない。互いに会釈することも――にっこりすることさえも――ない。人々はどこか知らない各々の目的地へと急ぐ。人々は本や新聞で自分を隠し、ひとり用の小さなテーブルでひとり立ったまま食事をし、話もしない。まるで周囲から自分を護ってくれる、目に見えない檻のなかで暮らしているかのようだ。彼らのからだは緊張し、目は恐れに満ち、その存在全体が他者への疑いの態度を示している。

自分の身を取り巻く危険をいつも言い聞かせられているので、私たちは仲間である人間への信頼を徐々に失い、まるで自分が敵の領土にいるかのように暮らしている。あたかも、私たちを破滅させることにしか興味のない人々に囲まれているかのように。私たちの世界に、いったい何が起こっているのだろう。「支配、権威、闇の世界の支配者、天にいる悪の諸霊」（エフェソ六・一二）が私たちの社会をくまなく侵略し、私たちはみな自分の意に反して、彼らの餌食になってしまったように思われる。私たちは通りにいる人々を恐れたくはないが、恐れてしまう。自分の車や自転車、家にいちいち鍵をかけたくはないが、かけてしまう。自分の親や子どもや友人に、ひとりで街へ出かけないようにと警告したくはないが、警告してしまう。自分のまわりにいる人々がみな敵だと思っているわけではないが、まるでそうであるかのようにふるまってしまう。そして突然、私たちは気づく。自分は自分の国にいながら異邦人になってしまったのだ、と。びくびくして、無力で孤立しているのだから。私たちは自信をもち自由でいることができず、不安と無能さを味わっている。希望と喜びを感じることができず、内面に空虚さと悲しみを感じている。

私たちが大陸間弾道ミサイルやB52爆撃機、トライデント潜水艦で寄せつけないようにしている敵は、私たちの心と精神をすでに征服し、私たちのなかに分裂をつくりだせるようになった。核の軍拡競争がどうも私たちの社会の悲劇的な分裂の印であるらしいことに、私たちは気づきはじめた。私たちの築く壁が高ければ高いほど、その陰によりたくさんの悲惨さを隠すことになる。私たちの共通の敵は、私たちのあいだにもはや平和はないという事実から私たちが顔を背ける手助けをしている。

私たちの時代の最大の悲劇は、私たちが孤立していることだ。子どもたちはさびしさを感じているにもかかわらず、友だちを見つけることができない。若者たちは何らかの帰属感を得るためにつるむ。子どものいる若い夫婦は近所の人を知らない。オフィスで働く人々は蛍光灯の下、メタル製デスクの前にすわり、紙コップでインスタントコーヒーを飲み、紙袋から取りだした昼食を食べ、自分は何か役立つことを少しでもしているだろうかと時折考える。引退した者は自分がもはや必要とはされず捨てられたと感じている。老人はホームに入れられ、たまに訪ねてくる人がいることだけを慰めとしているが、看取ってくれる者なしに亡くなった多くの老人は、私たちの世界を手中におさめた広く蔓延する孤立の、もの言わぬ証人となっている。それでもなお悪の力を退けることなど、どうしてできよう？　「悪魔が、ほえたける獅子のように、誰かを食い尽くそうと歩き回って」いる（Ⅰペトロ五・八）と警告する人を笑うことなど、どうしてできよう？

イエス・キリストは、この世界にご自身の平和をもたらしてくださった。この世界を、その神の平和が現れるものとするようにと、私たちは神から求められている。もしも自分の構想と自分の能力をもってひとりでそれを試みるならば、私たちを捕らえている孤立を実演することにしかならないだろう。イエスは私たちに、英雄としてこの世に出ていき、ひとりで悪魔と闘うべきだとは言わなかった。そうではなく、イエスは私たちに神の霊を送ってくださったのだ。神の霊は、私たちをひとつの体として結びつける。それは同じ約束で結びあわされ、同じ平和の働きのために自由にされた、さまざまな人々からなるひとつの体だ。その新しい体はキリストご自身の体であり、あらゆる時間、あらゆる場所に存在する。これがキリスト者の共同体の大きな神秘である。それは生きるキリストであり、孤立や猜疑心、恐れから解放されたいと願う人々にご自身の平和をもたらす。そしてこのキリスト者の共同体の生ける体こそが、この世界を徘徊する諸々の力と権力に対抗することができる。平和をつくる者が共同体の一員となっていないとき、彼らは生けるキリストの一部ではなく、彼らの平和は偽の平和となる。

それにしても、平和をつくる働きにとってキリスト者の共同体がこれほどまでに不可欠だとすれば、何が私たちをこのような共同体の一員とするのだろうか。第一に、私たちは共同体をある場所や組織、教派と見なす傾向があるが、そうした考え方を捨て去る必要がある。共同体を特定の家や修道院、教会、クラブ、会衆、公共機関、ボランティア団体と関連づけて考える限り、私たちは共同体の真の霊的意味から遠ざかってしまう。共同体の生は特定の建物や組織のなかで営まれるかもしれないが、そのような建物や組織は共同体の実体ではない。あえて言えば、友情や婚姻、家族や世帯さえ、必ずしもキリスト者の共同体を形づくるわけではない。それらはどれも共同体の一部とはなり得るが、その中心をなすわけではない。キリスト者の共同体をつくるのは、互いに罪を告白しあい、イエスの名において互いに赦しあうという生き方なのである。キリスト者の共同体は、信頼で結びついた弱き者たちの交わりであり、そこでは繰り返される告白と罪の赦しを通してイエス・キリストの力が現され、祝われる。キリスト者の共同体は霊的な場であり、人々はそこに集い、イエス・キリストが主であることを確認する。その確認は、互いの傷つきやすさを分かちあうことを厭わずに生きることによってのみ、可能となる。キリスト者の共同体とは、自分自身の力では平和をつくりだせないと認めることによってキリストの平和を表明する人々の集まりである。キリスト者の共同体とは、弱さのなかに力が現れる場、疑いを自覚するなかで信仰が現れる場、絶望の瞬間を率直に認めるなかで希望が現れる場、妬み、疑い、不信という現実のさなかに愛が現れる場、悲しみのさなかに喜びが現れる場、暴力と対立と分裂を謙虚に認めるなかで平和が現れる場である。実にキリスト者の共同体は、罪深い私たち人間のあいだに現れたイエス・キリストにほかならない。

告白と赦しは、イエスの宣教の中心にある。洗礼者ヨハネはイエスを指さし、「世の罪を取り除く神の小羊だ」（ヨハネ一・二九）と言った。イエスの担われた務め全体が、神の赦しの宣言なのである。赦しはイエスによって私たちに与えられた神の大きな賜物だ。罪の赦しは人間ができることではない。イエスを批判する者が「神のほかに、いったい誰が罪を赦すことなどできるのか」（ルカ五・二一参照）と問うたのは、まさに正しい。イエスはどこへ行っても、この神の赦しを与えた。イエスはご自分を殺そうとする者たちにさえ赦しを与えた。イエスが十字架上で血を流されたのは、罪の赦しのためであり（マタイ二六・二八参照）、弟子たちを世界に送りだしたのも、罪の赦しのためだった。平和の宣教は罪の赦しの宣教だ。それは恐れをうち破り、新しい秩序を開始する宣教だ。このことは、イエスの最後の出現のひとつで、きわめて明らかになっている。弟子たちが戸に鍵をかけておびえながら家に閉じこもっていたとき、「イエスが来て真ん中に立ち、『あなたがたに平和があるように』と言われた。……『父が私をお遣わしになったように、私もあなたがたを遣わす。』そう言ってから、彼らに息を吹きかけて言われた。『聖霊を受けなさい。誰の罪でも、あなたがたが赦せば、その罪は赦される。誰の罪でも、あなたがたが赦さなければ、赦されないまま残る』」（ヨハネ二〇・一九―二三）。

この罪の赦しは、キリスト者の共同体の印となっている。すすんで互いに罪を赦しあうことは、神の赦しの印なのである。このことは、イエスご自身がはっきりと言われた。「もし、人の過ちを赦すなら、あなたがたの天の父もあなたがたをお赦しになる」（マタイ六・一四）。このような赦しは、一回限りの出来事ではない。そうではなく、これは終わることのない赦し、すなわちキリスト者の日々の生活を特徴づける赦しだ。ペトロがイエスに「主よ、きょうだいが私に対して罪を犯したなら、何回赦すべきでしょうか。七回までですか」とたずねたとき、イエスはお答えになった。「あなたに言っておく。七回どころか七の七十倍まで赦しなさい」（マタイ一八・二一―二二）。

では、赦しを得るために何が必要なのだろうか。その答えは悔い改めである。悔い改めとは、自分の罪深さを謙虚に告白することだ。新約聖書全体のあらゆる箇所で、私たちは「悔い改め」という言葉を聞く。私たちが最初に聞くイエスの言葉は、「悔い改めて、福音を信じなさい」（マルコ一・一五）である。そしてルカによって記録されたイエスの最後の言葉は、「メシアは苦しみを受け、三日目に死者の中から復活する。また、その名によって罪の赦しを得させる悔い改めが、エルサレムから始まって、すべての民族に宣べ伝えられる」（ルカ二四・四六―四七）である。罪の告白は悔い改めを具体的な形にしたものだ。

イエスは何よりもまず、私たちが赦しの必要を自覚することを求めた。イエスは皮肉をこめてこう言われた。「私が来たのは、正しい人を招くためではなく、罪人《つみびと》を招くためである」〔マタイ九・一三ほか〕。自らを罪人と見なすことを厭わない者だけが、赦しという神の賜物を受け取ることができる。

それゆえ、互いに告白し赦しあうことがキリスト者としての共なる生の印であることは明らかだ。なぜなら、まさにこのような告白と赦しの絶えざる過程においてこそ、私たちは孤立から解放され、武器を持たない新しい生のあり方への可能性と出合うからである。キリスト者が平和をつくる者となるのは、対立する人たちを和解させるための特別な技術を用いるときではない。そうではなく、自分たちの不完全さを告白することによって共同体を形づくり、その共同体を通して神の限りない赦しが世界に現されるときである。私たちが勇気をもって恐れを抑えこみ、いかに自分がまだこの世から離れられずにいるかを互いに告白しあうとき、共同体が立ち現れる。そのときこそ、神の赦しの光が明るく照り輝き、真の平和の出現が可能となる。このようなことは、友人たちのあいだで起こることもあれば、夫婦のあいだで起こることもある。修道院で起こることもあれば、教派や教会のあいだで、さらには民族や国家のあいだで起こることもある。そのとき人々を分け隔ていた境界線は消え、もはや長年の対立——宗教的なものであれ民族的なものであれ——が、末永く続く友情への道に立ちはだかることはなくなる。このようなことが起こるときには必ず、その根に共同体が存在している。

平和をつくることに自分がどれだけ関わっているかを知るために、自分の属している真の共同体を突き止めることほどよい方法はないだろう。私たちはもしかすると、自分がまったく共同体の生を生きてはいないことに気づくかもしれない。そうであれば、自分の祈りや抵抗の質を疑うだけの理由は十分ある。しかしどこであれ私たちが共同体を見つけるならば、武器をもたず非暴力を貫いて共存する道を見つけることができるだろう。その道においては死の棘（Iコリント一五・五五）が常に取り除かれ、生命の新しい力が目に見えるようになっている。

告白と赦しは、キリスト者の共同体の支えとなる精神的な柱である。それらは互いに相手を遠ざけ、自分を護ってくれる殻のなかに閉じこもらせている恐れがもたらす数々の境界線をうち破るために、神が与えてくださった道だ。「私は光よりも闇を愛することによって、神とあなたに対し罪をおかしました。どうか私を赦してください」と勇気をもって言うたびに、私たちは自己防衛ではなく和解を選択し、平和の道に足を踏みだす（ルカ一・七九）。それはたやすくたどれる道ではない。なぜなら恐れや悲しみが、絶えずこうささやくからだ。「馬鹿なことをしてはいけない。ほかの人たちに追い越されてしまうではないか。そんな甘い考えではだめだ。他人に弱みを見せてはいけない」。しかしこれは「自分を無にして僕の形をとった」方（フィリピ二・七）の声ではない。これは私たちの闇から出た声であり、もっと壁を築け、もっと武器を買え、戦争を始めることによって戦争を防げと言って、私たちを誘惑しようとする声だ。

それにもかかわらず、告白と赦しの道を選択するたびに、私たちは主が私たちのために用意してくださった場所をかいま見る（ヨハネ一四・二）。それは小さな選択かもしれない。壊れた関係を修復するために書く手紙であったり、腹を立てている友人へのやさしい言葉、自分はいちばんあとでいいよという申し出、競争相手への賞賛の言葉を書いたカード、話しあおうという誘いであったりするかもしれない。また、自分から先に行動を起こすこと——握手や抱擁やキスを自分から先にすることかもしれない。これらを含め、ほかにも多くの選択が愛の共同体を生みだす。それは個人と個人のあいだだけではなく、民族と民族のあいだ、国家と国家のあいだにも生じる。これらの選択は善意の印であるだけではない。私たちが待ち望んでいる新しい天と新しい地を、最初に現実とするものなのである。

希望の種

告白と赦しの共同体の一員となることは、抵抗者としての私たちの生を根源的に変化させる。それは孤立感を取り除くだけではなく、私たちに新たな勇気と新たな自信を与えてくれる。新聞で世界情勢についての陰鬱な話を読むと、この世界がまだ存在していることが不思議に思えてくるかもしれない。毎日毎日、より大きな破壊力をもった新しい兵器が開発され、それらを使用するための新しい口実が日々語られる。中東、アフガニスタン、中央アメリカ、イラン、アフリカの多くの国々についてのニュース、現代における奴隷制、処刑、大量殺戮、拷問など、あらゆる搾取についての恐ろしい物語を知ると、人類の歴史を終わらせようとしている来たるべきホロコーストを避けることなどできるのだろうか、と思わずにはいられなくなる。来る日も来る年も、あまりに悪いニュースばかり聞かされるので、私たちは諦めのムードに容易に屈してしまいそうになる。見たり聞いたり読んだりすることがあまりに私たちを落胆させるので、私たちはいつも降参してこう言いたい誘惑に駆られる。「世界は崖っぷちに向かって突き進んでいる。誰がそれを止められるだろう？　私たちが世界の終わりを見ないとしても、私たちの子どもたちはそれを見ることになるだろう。もはや何をしても無駄ではないだろうか」。

しかし敗北主義と絶望は、イエス・キリストがこの世に来られた目的、とりわけ希望という賜物とは正反対だ。イエスは統計や政治的分析、国家間の勢力の均衡、抑止力、第一撃能力に基づいた楽観主義を与えてくださったのではない。そうではなく、神はすべての人を赦すという約束に基づいた希望を与えてくださった。この希望は、神の赦しの力を信じる人々の共同体において、目に見えるものとなる。これは、ものごとが最終的にはうまくいくだろうという漠然とした期待とは、まったく異なる。この希望は、生ける神への信仰から生じる具体的な生き方であり、暴力や抑圧、飢餓、戦争、あるいは「相互確証破壊」という前提に勝る信念だ。この希望は、新しい神の国を求めて働くために、また、「闇が勝つことのできなかった」光（ヨハネ一・五参照）を告げ知らせるために集まってくる人々だ。このような共同体は、死と悪の力に抵抗することができる。なぜならそれは、この世に現臨する生けるキリストご自身であるからだ。キリスト者の共同体は、よみがえられた主の生ける現れなのである。キリスト者の共同体の一員となることは、世界を支配している力から自由になることだ。それはまちがいなく、あらゆる抵抗の源となる。キリスト者の共同体は、メンバーの力を結集して勝利に近づくために集まった人々のグループではない。そうではなく、それはすでに勝ちとられた勝利の現れなのである。聖パウロは言っている。「死は勝利に呑み込まれた」（Ⅰコリント一五・五四）。また、ヨハネは弟子たちにこう言っている。「神から生まれた人は皆、すでに世に勝っている」（Ⅰヨハネ五・四参照）。このように、生けるキリストにつながっている人の希望は、すでに起こった出来事に基づく希望なのである。その出来事の全貌は、まだ明らかになっていないにしても。このように、キリスト者の共同体はどこで生まれたものであっても、古い世界のただなかで新しい世界を、闇のただなかで光を、死のただなかで生を指し示す。

共同体を真の抵抗の共同体とするのは、キリスト者の共同体のまさにこの、勝利を得ているという特質だ。そのような共同体に属する者としてのみ、私たちの抵抗は真の霊的意味をもつ。

現代において、抵抗の共同体はどのように見えるだろうか。私たちには何か模範があるだろうか。歴史全体を通して、新しいキリスト者の共同体がいかにその時代の問題に応えるために出現してきたかを、私たちは知っている。ローマ帝国の滅亡に対して、六世紀には聖ベネディクトの新しい共同体が対応し、新しい思想と生き方を考案した。そしてその思想と生き方は中世ヨーロッパに形と枠組みを与えることになった。中世の教会の富と腐敗に対応して、十三世紀にはフランシスコ会の共同体が発展し、新風を吹きこんだ。また、十六世紀の宗教改革者たちによって霊感を受けた多くのキリスト者共同体から多大な影響を受けることがなかったなら、私たちは現代の問題や課題を理解することなど、どうしてできただろうか。歴史上のこれらの時代には、告白と赦しのもつ意味がそれぞれ異なっていたかもしれない。それでもなお、告白と赦しは常に、死の力をうち破った復活の主、歴史の主を新たに確認することへとつながっていった。

現代において、私たちはどのように対応するのだろう？　私たちはこれまで、歴史そのものを終わらせる力に直面したことはなかった。私たちはこれまで、キリスト者として集団自殺の脅威に対応するよう求められたことはなかった。私たちはこれまで、主によって死から救われた世界がこれほどまで自滅に向かっているように見えるときに、復活の主を証言するよう求められたことはなかった。すべての人間を消し去ることのできる人間の能力を前にして、信仰、希望、愛、そして永遠の命を考えることに、どんな意味があるのだろうか。神は歴史を通じてその子どもたちを導く、愛に満ちた父として現されている。しかし、私たちが神を理解するための枠組みとしての歴史が、これからも続くと確信できなくなるとすれば、どうなるのだろう？　イエスは私たちのために肉となり、私たちのあいだに住まわれた神の子である。しかし、私たちが世界規模のホロコーストによってすべての人の肉を焼きつくすことを考えているとすれば、どうなるのだろう？　聖霊は、古い地を新しい地へと変容し、すべてを新しくする生ける神の霊である。しかし、変容され、新しくされるものが何も残っていないとすれば、どうなるのだろう？　人類という家族に形を与えているすべての関係が脅かされているとすれば、私たちは本当に、父と子と聖霊について考えることなどできるのだろうか。子どもたちが生まれ、生命が地に満ちていくこと自体が危ぶまれているときに、私たちは本当に、誕生や死、復活について語ることなどできるのだろうか。地球がこの先いつまでも存続するとはもはや確信できないときに、私たちは天国と地獄について話すことなどできるのだろうか。人間性に対する基本的な信頼が揺らいでいるときに、私たちは信仰と希望をもって神に目を向けることなどできるのだろうか。

私たちは、これまでのほかのあらゆる脅威とは質的に異なる脅威に直面していて、それらの脅威にどう対応するか、適切な模範をもってはいない。新しい秩序、新しい規則、新しい改革、新しい霊的指導者――こうした「解決策」はどれも、私たちの探し求めている希望を与えてくれるようには思えない。私たちは人間として、信仰からすべての支援体制と防衛機構が剝ぎ取られた時代に突入してしまった。しかし、私たちはまさにこの裸の信仰をもって、現代の闇に抵抗することのできる希望の共同体を築くよう呼ばれているのである。

現代におけるこの新しい共同体を考えるとき、身を護るすべをもたない世界中の人々が互いに手を差しのべあっている姿を、私は思い浮かべる。それは、まったく武器をもたない男性たち女性たちの世界規模のネットワークだ。彼らは武力を放棄しただけでなく、宗教的な概念やシンボルや制度も放棄した。私には、彼らがこの世界を動きまわっているのが見える。彼らは互いに訪問しあい、互いに相手の傷に包帯を巻き、互いに自分の不完全さを告白し、シンプルな言葉や抱擁とともに、あるいは相手に触れたりほほえみさえ浮かべたりして、互いに赦しあう。私には、彼らがとても簡素な服装で、ひとりで、あるいは連れだって歩いているのが見える。彼らは病気の人を見舞ったり、飢えている人に食べ物を与えたり、孤独な人を慰めたり、死にゆく人を静かに看取ったりしている。私には、彼らが神の現臨の静かな証人となっているのが見える。彼らのいる場所はアパートであったり、農家であったり、学校や大学、病院、オフィスビルであったりする。彼らはどこにいても、そこに平和をもたらす。彼らは何を言い、何をするかということよりも、新しい希望の共同体の仲間たちとつながっていることによって、平和をもたらすのである。

この人々はみなこの世にいるが、もはやこの世に属してはいない。彼らは平和をつくる者としての自分の召命に忠実でいるために、互いを必要とする。彼らは自分の生を神への絶えざる祈りとするために、互いを必要とする。彼らは創造的刺激のために、物質的および精神的支えのために、互いを必要とする。彼らは喜びと感謝に満ちた状態でいるために、互いを必要とする。そして何より、この核の世界のただなかで共に生けるキリストの体となるために、互いを必要とする。彼らは集うときには必ず祈る。可能であればいつでも、彼らは訪問しあい、手紙を送りあう。危機に見舞われたときは相談し、適切な対処法を見つけるため、互いに相手に助言を求める。彼らは共に行動することもあるが、常に一緒というわけではない。彼らは時には人目につく行動をしたり積極的に語ったりするが、ふつうは観想者のように暮らしている。彼らはある規則――イエスの福音に基づく、信仰と希望と愛の規則――によってひとつに結びつけられている。彼らは互いに自分のことを説明し、相手からの批判や提案に耳を傾ける。彼らのおもな関心は神の意思を行うことであり、自分自身の意思を行うことではない。このように、彼らは自分がどのような生き方や行動の仕方に呼ばれているのかを見極めることに、多くの時間とエネルギーを費やす。彼らは世界のさまざまな場所にいる平和をつくる人々《ピースメイカーズ》の群れであるが、単独で、あるいは活動の中心から遠く離れて暮らす、抵抗の共同体の一員でもある。共同体の存在は、報道関係者にはほとんど知られていない。何かを出版したりデモや不服従の行動をしたりすれば報道関係者の注意をひくこともあるが、ふつうは世間に溶けこんで暮らしている。彼らはもの静かで、よく祈る、穏やかな人々だ。パニックを起こしたり、落ち着きがなかったり、怒りと敵意に満ちていたりはしない。少なくとも、そのようにはならないよう心がけている。できるだけ頻繁に、彼らは何日間か集まって、学びや省察や祈りをする。その数日間は、具体的な平和の証言の準備に用いられることもあるが、ほとんどの場合は、彼らの主と互いのあいだで愛と平和の絆を強めるためのものだ。

外部の人々は、彼らを新しい修道会のメンバーであると考えるが、彼らは旧来の修道会とは異なっている。彼らのなかには男性もいれば女性もいるし、独身者もいれば既婚者もいる。若者もいれば高齢者もいる。教会も教派もさまざまだし、住んでいるところも実にさまざまだ。しかし彼らはみな平和をつくる者たちであり、キリストの平和をこの世にもたらすことへの深い関心で結ばれた、神の息子たち娘たちである。彼らは悪と死に対しては声を合わせて「ノー」と言い、いつでもどこでも可能な限り、声を合わせて生を肯定する。核の脅威を前に出現しつつある、世界に広がるこうした抵抗の共同体においては、古いメッセージがふたたび新しくなる。意味を失っていた言葉は新しい力を帯び、古いシンボルはその伝達力を発揮する。もはや真剣に受けとめられなくなっていた思想は、徐々にふたたび用いられるようになり、発言すべきことを発言するようになる。今のところ、新しい言葉、新しいシンボル、新しい思想は発展の過程にあり、その評価も吟味の過程にある。だが、新しい家が建てられているのだという、心が浮きたつような感覚をおぼえる。その新しい家とは、平和の家、神の住まい、いと高き方の神殿だ。家を建てるのに用いられる石は神の民。太陽の光を受けてまぶしく輝いている。この神殿は遠く隔たったところからも見えるので、ますます多くの人々が戦争をつくりだす世界をあとにして、新しい神殿への道をのぼっていく。その途中で人々はヘルメットを脱ぎ、持っていた武器が道端に落ちても、もはや顧みない。彼らの目はこれまでの緊張を解かれ、あたりを見まわす。そこれまで握りこぶしを作っていた彼らの手は、ほかの者の手にそっと触れる。そして主の家にのぼっていくにつれて、彼らの叫び声は歌となっていく。彼らの声がほかの者たちの声とひとつになる。そのとき、長いあいだ耳にしなかったものを、世界は聞く。

万軍の主よ
あなたの住まいはなんと慕わしいことでしょう。
私の魂は主の庭に思い焦がれ、絶え入りそうです。
生ける神に向かって、身も心も喜び歌います。……
幸いな者、あなたの家に住む人は。
彼らは絶えずあなたを賛美します。

幸いな者、あなたを力とし
　心の中に大路《おおじ》を敷く人は。
（詩編八四編）

こうして新しい地が造られ、抵抗の共同体は賛美と感謝の共同体となる。

感謝

平和をつくる人々の共同体は抵抗の場であるだけではなく、祈りの場でもある。しかし祈りも抵抗も、共同体の生という背景の外では、その意味を十分に理解することができない。祈りと抵抗はどちらも、復活された主への確信の表現である。キリスト者の共同体の生において祝われるイエスの復活は、過去の出来事の現在における喜びに満ちた記念をはるかに超えたものだ。その出来事は、共同体自体の生のなかで今も続いている現実として認識される。それゆえ、抵抗が何か恐ろしいことが起こるのを防ぐための不安に満ちた試みとなることは決してない。その反対に、抵抗とは、「私は……命である」（ヨハネ一四・六）と言われた主の紛れもない現臨から流れだした「ノー」なのである。またそれゆえ、祈りが災難を避けるためのパニックに満ちた願いごととなることも決してない。共同体の日々の生活において、祈りは何よりもまず、私たちがすでに受け取ったものに対する感謝の表現なのである。

共同体における生は、私たちと同じ家に住まう主への絶えざる感謝のなかで生きる生である。真の祈りは私たちを、すでに与えられているものへの感謝へと常に促すことを、共同体は明らかにする。神の助けを求める叫びさえ、感謝の心から切り離されてはいない。イエスは次のように言われたとき、このことを説明しておられたのだ。「祈るときは、異邦人のようにくどくどと述べてはならない。彼らは言葉数が多ければ、聞き入れられると思っている。彼らのまねをしてはならない。あなたがたの父は、願う前から、あなたがたに必要なものをご存じなのだ」（マタイ六・七—八）。私たちは、与えることをしぶっている与え主を説得しようと願い求めているわけではない。私たちが必要としているものを説明しなければわかってくれない誰かに、助けを乞うているわけでもない。私たちは、すべての善きものを与えてくださる方に願いを述べているのだ。その方は私たちをとても愛してくださっているので、私たちが必要とするものを出し惜しみなさることはない。信仰の共同体として、私たちは苦しんでいるときや意気消沈しているとき、あるいはものごとが悪くなっていくようにしか見えないときさえも感謝を忘れないようにと、互いに相手に思い起こさせる。私たちにこれができるのは、苦しんでいる私たちのいる世界が、すでに死と悪の力にうち勝っていることを知っているからだ。この勝利ゆえに、私たちはいつどこででも感謝することができる。イエスはご自分の死に先立ち、弟子たちに、彼らがこの先、拒絶や迫害にあうだろうと言われた。だが、彼らの苦しみが彼らから平和を奪うことはないとも言われた。「あなたがたには世で苦難がある。しかし、勇気を出しなさい。私はすでに世に勝っている」（ヨハネ一六・三三）。

平和をつくる人々《ピースメイカーズ》の生きざまを特徴づける言葉があるとすれば、それは「感謝」だ。真の平和をつくる人々は、感謝に満ちている。彼らは自分のなかにある神の平和と自分たちのあいだにある神の平和を常に思い起こし、喜び祝う。こんなことを言えば、初めは感傷的に聞こえるかもしれない。しかし真の痛みと苦悶の日々を生きたことのある者は、感謝の神秘を知っている。苦しむキリストと出会う場所で、平和のキリストとも出会うことを、彼らは身をもって知るようになった。私たちの痛みがイエスの痛みとなり、私たちの苦悶がイエスの苦悶となるとき、どんな場合であっても、痛みと苦悶が私たちの感謝を失わせることはないと、私たちは自分自身の奥底で知っている。なぜなら、私たちは自分の平和をイエスのなかに見つけたからだ。それはこの世のものではない平和だ。人類の生命を消滅させることの可能な核によるホロコーストの脅威を前に、感謝の言葉を述べることは、馬鹿げていると思われるかもしれない。しかしキリストもまたこの核の苦悶と苦悩を味われ、十字架上でそれをうち破ったのだと知るとき、私たちの感謝はさらに深く、強くなるかもしれない。

　私たちが自分たちだけで暴力と破壊の悪魔に立ち向かおうとすれば、たちまち無力さを感じることになる。こうした無力さの経験は内なる怒りにつながりやすく、そしてこの怒りは長く続くと、敵意となって私たちのなかに根を張ってしまう。敵意は感謝の対極にある。それは頑なな心の状態であり、いかなる新しいことも期待しなくなる。それゆえ、死を避けることのできない運命として受け入れてしまう。このように敵意は、私たちがこの世の闇の餌食となってしまった印であり、光である方への信仰を失ってしまった印である。しかし、私たちがもはや自分たちだけで世界と取り組む必要がなくなり、自分たちの共同の生のなかに生けるキリストを見出すとき、そして何か新しいことが起きているのをあらゆる具体的な方法で互いに見せあうことができるようになるとき、感謝が可能になる。罪の告白と赦しの共同体のなかで生きる人々は、常に感謝を口にする。共に生きる彼らの生は、物理的に近くで暮らしている場合もそうではない場合も、復活された平和の主がどこに現れ、どこでその栄光に満ちた傷を見せておられるかを相手が見出せるように、互いに助けあう生である。どこであれ、真の平和をつくる人々《ピースメイカーズ》が共同体のなかで共に働くとき、いかに感謝が突如として現れることか。それは本当に驚くほどだ。彼らは自分たちのただなかにある宝に、互いの目を開かせあう。この宝は、自分たちだけでは決して見つけることのできなかった宝だ。

私はペルーを訪問したときのことを思い出す。それは人々の多大なニーズに応えるための訪問だった。彼らの貧困と飢え、医療と教育の欠如についての話を知るにつれて、私はじっとしていられなくなり、自分のできることはどんなことでもしようと思ったのだった。

私の計画を聞いた人たちは、私を勇気のある、物惜しみをしない人間だと思った。しかしペルーの人々のあいだでしばらく暮らしてみると、まったく思ってもみなかったことが起こった。私と一緒に暮らしていた牧師、神父、修道女たちは、ペルーの貧しい人々が与えてくれる数えきれないほどの贈り物に、私の目を開いてくれた。あらゆる悲しみのなかにどれほどの喜びがあるか、あらゆる抑圧のなかにどれほどの心遣いがあるかを、私に見せてくれたのだ。彼らは私を、最も貧しい地域に連れていってくれた。そして最も惨めな様相のあばら屋のなかに入らせた。しかし、彼らが私に見せたいと思ったのは、貧しさや悲惨さ、抑圧による苦しみだけではなかった。彼らが見せたいと思ったのは、他者に与えることのできる何らかの美しい贈り物を持っている人々だった。彼らは人間のもつ最も人間らしい特質に、私の目を開かせてくれた。その特質とは、友情、子に対する親たちの愛情、助けあい、遊び心、信頼、悲劇に対し真摯に対応する能力など、それまで私の目には見えずにいた無数の贈り物だった。この人たちと一緒に働きたい、とついに私が言ったとき、それは彼らが貧しいからではなく、彼らの携えている贈り物ゆえにちがいないとわかった。彼らの多大なニーズに応えるためではなく、彼らのすばらしい資質ゆえにちがいない、と。貧しい人々を助けることは何よりもまず感謝の行為であるはずだと、私にはわかってきた。

そこで働く理由が私の罪の意識であったり、彼らが私を必要としているという感覚であったりする限り、私は真の平和をつくる者《ピースメイカー》にはならないだろう。しかし贈り物を交換しあい感謝をもって暮らすために彼らと共にいることができるならば、限りなく豊かな関係を築けるかもしれない。

　核戦争が起こらないようにするための働きも、これと同じであるはずだ。平和をつくる者としての私たちの働きの中心を占めるのが焦燥感や不安、罪責感である限り、その働きは長続きしない。しかしあらゆる人々のあいだに、人間が互いに与えあうことのできる大きな贈り物があることに目を開くとき、私たちは平和をつくる働きを、本当に自分たちの在り方とすることができる。私たちが互いに与えることのできる最大の奉仕は、人々が敵意から感謝へと向きを変えることができるように支えあうことだ。核の巨大な計画の一部となっている政治家や軍の人々、民間人たちは、邪悪な人間ではない。彼らは誠意ある生活を営むために最善を尽くしている男性女性であり、自分の仕事が人々への真の奉仕であることをたびたび経験している。ただ、彼らは恐れと不安に満ちた人間である場合が多く、防衛費の増大こそが、敵の力による全面的な破壊から私たちすべてを救いだす唯一の現実的な方法であると感じている。

平和をつくる者の共同体として私たちがまずすべきことは、彼らもまた、人間として他者に与えることのできる大きな贈り物を携えているのだと気づき、それを肯定することだ。彼らも思いやりと愛をもった人間であり、私たちと同じように、平和と自由を望んでいるのだ――それを達成するには軍備が必要だと考えているにしても――という目で、彼らを見るべきだ。私たちは、自分のなかにある闇の力を互いに告白しなければならないのと同じように、その生き方や営みを変えたいと思う相手のなかにある平和の贈り物を明らかにしなければならない。これらの人々が自分のなかに、そして自分たちのあいだに平和をつくりだすための真の資質をもっていると気づくとき、彼らもまた恐れから解放されるかもしれない。そして銃や爆弾、B52、巡航ミサイル、トライデント潜水艦なしに、兄弟姉妹として共に生きていくことができると言うようになるかもしれない。

こうして平和をつくる共同体はユーカリスト〔感謝の祭儀、聖餐〕の共同体となる。「ユーカリスト」(eucharist)という語は「感謝」を意味する。平和をつくる人々が語り、行動するところではどこでも、彼らの言葉と行為が神の「よき恵み」(*eu* =「よい」、*charis* =「恵み」)を告げるものとなる。それゆえユーカリストは、平和をつくる人々の共同の生の中心に属する。それは平和をつくるすべての働きが集約された出来事なのである。

小さなパンと小さな杯に注がれたぶどう酒が分かちあわれ、「これは私の体、これは私の血である」というイエスの言葉が語られる。こうして私たちは、私たちを支え育んでくれるものを大地から受け取り、それを高く掲げて神にささげる。神はそれをご自身のものとする。人間の取るに足らない小さな贈り物が、神からのこのうえもなく大きな贈り物となる。神ご自身が、私たちみなへの贈り物となるのだ。私たちが神にささげるのは私たちの一部でしかないが、神は私たちにご自身のすべてを与えてくださる。私たちが神に、私たちの飢えと渇きを理解してくださいと願うと、神は私たちが願った以上に与えてくださる。私たちが相応な望みを訴えると、神は私たちが自覚していた以上の望み――神の住まいに永遠に住み、神と一緒に食卓を囲むという望み――に応えてくださる。私たちがささやかな感謝の気持ちを表すと、神は際限のない寛大さを示してくださる。そして私たちは理解する。すべては純然たる無条件の贈り物なのだ、と。そして私たちは気づく。空気や海、森林や峡谷、山や川、草地や砂漠、鳥やすべての動物、赤ちゃん、子ども、ティーンエイジャー、あらゆる年齢や民族や宗教の男性と女性――これらはすべて、神の尽きることのない寛大な心の現れなのだ、と。私たちはパンを裂き、恐怖に満ち戦争で引き裂かれたこの世界のあらゆる場所から集まった人々と杯を分かちあうたびに、互いにこう言いあう。

「兄弟よ、すべては与えられたものだ。姉妹よ、すべては与えられたものだ。すべては与えられた……さあ、すべてを与えてくださった方を見上げて、感謝をささげよう」。そのとき人々は知る。私たちはもう何も蓄えておかなくていいのだ、もう何も防御しなくていいのだ、もう何かをめぐって争わなくていいのだ、と。私たちを愛してくださっている、まったくもの惜しみをしない方が、すべてを無償で与えてくださっているのだから、人間は誰であれ、何も欠けることがない。そこに何か必要条件や前提条件があるだろうか。いや、そんなものはない。私たちはただ、ありのままの生に気づけばよいのだ——執着したり貯めこんだり防御したりすべき所有物ではなく、感謝をささげるべき贈り物である生に。私たちはあり余るほど十分に、深く、少しの留保もなく愛されているゆえに、神の豊かさが私たちのものとなった。そしてこのように信じることが、私たちの求められているすべてなのである。

これこそが、平和をつくる人々の共同体の進むべき道だ。この共同体は、神の限りない寛大さを人々に告げる。私たちのすべき唯一のことは、自分たちが受けたすべてのものについて感謝をささげることであると、この共同体は思い起こさせてくれる。感謝の言葉が世界の隅々から聞かれるようになるとき、人々を隔てていた境界線は消え去り、私たちはみな、すべてのよきものを与えてくださった方を見上げるだろう。そして私たちは、その方が私たちすべてをこのうえなく親密に愛してくださっていること、多様性に満ちた人間という家族のなかで兄弟姉妹となるように私たちをつくってくださったことを理解するようになる。そのときこそ本当に、私たちはひとつの食卓を囲んで、次のように言うことができる。「兄弟が共に住むことは／何という幸せ、何という麗しさ」（詩編一三三・一）。

このような感謝の声が聞かれるとき、戦争のたてる物音は静まるだろう。かつて自分たちがすべての時間と労力を費やし、互いに相手を焼きつくすことも可能な地獄をつくりだそうとしていたことに気づくとき、人々は互いに見つめあい、その目には涙が浮かぶだろう。そのときミサイルは格納庫のなかで錆《さび》つき、潜水艦は朽ち、爆撃機はかつて野蛮な時代があったことを子どもたちに知らせるために、博物館に展示されるだろう。

これこそが平和をつくる人々のヴィジョンだ。私たちは平和をつくる者として、自分たちを取り巻く現実を見ていないわけではない。核の脅威や、人類が自らの歴史に終止符を打つ可能性を否定してはいない。それどころか、私たちの地球が知ることになった最も危険な窮状を、友人たちや見知らぬ人たちに警告することさえあるだろう。だが、私たちを平和をつくる者にしているのは、脅威や恐れではない。それは天から降《くだ》ってくる新しい聖なる都、平和の都、痛みも苦しみもない都、神がそこにご自身の家をつくって私たちを住まわせてくださる都である。このヴィジョンは、決して手の届かない非現実的な夢ではない。私たちのユーカリストの共同体において、今ここですでに現実となっているヴィジョンだ。戦争の物音と物騒な光景のただなかにおける、私たちと共にある主のヴィジョンだ。イエスは言われた。「あなたがたの見ているものを見る目は幸いだ。言っておくが、多くの預言者や王たちは、あなたがたが見ているものを見たかったが、見ることができ」なかった（ルカ一〇・二三―二四）。このように、私たちの希望は私たちがすでに見ているものに基づいている。そして私たちが見ているものは、主の日のために働く新しい勇気を常に与えてくれる。主の日――それは、すべての悪の力が主の足の下に置かれ、主が永遠に支配することになる日だ。この栄光に満ちたヴィジョンがある限り、私たちは感謝せずにいられようか。

繰り返して言うが、共同体の存在は平和をつくるために欠くことができない。自分自身の怒りや情欲、敵意や暴力を互いに告白しあい、神の赦しを何度でも互いに差し出すことによって、平和の共同体が私たちのあいだに立ち現れる。自らの弱さを誇り神の力に信頼を置く者たちから成るこの共同体は、闇の力に対して真の抵抗をすることができる。またこの共同体は、絶えざる祈りと感謝において、生のもたらしてくれる贈り物を高く掲げ、神にささげることができる。それゆえ平和をつくる人々の共同体は、平和活動家たちを支援するだけのものではない。それは新しいエルサレムが見えるものとなる、喜びと感謝に満ちた場所なのである。それは私たちが常にそこへ向かって旅を続けている目的地としてのエルサレムであるが、その平和を私たちが心のなかですでに知っているエルサレムでもある。この共同体から、歌がたちのぼる。

「主の家に行こう」と人々が言ったとき
私は喜んだ。
エルサレムよ、あなたの城門の中に
私たちの足は立っていた。……

エルサレムの平和を求めよ。
「あなたを愛する人々が安らかであるように。
あなたの城壁の内に平和があるように。

あなたの城郭の内に平安があるように。」
私の兄弟、友たちのために、さあ、私は言おう
「あなたの内に平和があるように。」
我らの神、主の家のために私は願おう
「あなたに幸いがあるように。」

（詩編一二二編）

おわりに

「平和を造る人々は、幸いである／その人たちは神の子と呼ばれる」（マタイ五・九）。イエスのこの言葉は、本書の基盤となっている。この言葉は時空を超えてどの時代と場所にも当てはまるが、日々、核弾頭の増産に忙しい社会において、また、それらを使用する無数の機会を提供する時代において、私たちが今日キリスト者として生きるためのキーワードとなっている。

本書において、私は平和をつくる人々のための霊性をうち立てようと試みた。平和こそが重要な課題であることをますます意識するようになった私たちの視点から、イエス・キリストの霊のうちに生きるという私たちの召命を見つめようと試みた。十二使徒がイエスのよき知らせを人々に説くようになって以来、祈りと抵抗と共同体は、キリスト者の生にとって欠くことのできない要素であると見なされるようになった。しかし時の終わりが来るかもしれないという脅威にさらされた時代のなかで祈りと抵抗と共同体を見るとき、これらはこれまでになかった重要性を帯びるようになった。核の脅威のなかで、祈りは人間の究極的な存続、抵抗は世界を呑みこもうとしている死に対するラディカルな「ノー」、共同体はいかなる巡航ミサイルもトライデント潜水艦も破壊することのできない霊的な家の始まりを意味するようになった。現代においてキリストの霊のうちにある生を生きることは、この世にあって、破壊をもたらす力に決して与することのない道を選択することを意味する。それはすなわち、私たちの地球を忘却の彼方に押しやろうとする勢力に加担するのを、徹底して拒むということだ。それはすなわち、十字架につけられ復活された主に、全面的に連なるということだ。

このようにキリストに全面的に連なることとは、世界からの逃避ではなく、平和をつくる者としてこの世界に存在する唯一の道である――これが、本書の趣旨だ。キリストに、キリストだけに連なることによってのみ、つまりイエスの兄弟姉妹、神の息子たち娘たちとして生きることによってのみ、私たちは悪の圧倒的な力に対して真に抵抗することができ、集団自殺を回避するためにこの世で力を合わせて働くことができる。もしも私たちが今後、核によるホロコーストを防ぐことができ、人間社会を武装解除への道に導くことができるとすれば、それは私たちが核抑止力や先制攻撃論を効果的に非難できたからではなく、神の家の中に自分たちの場所を見つけたからだろう。この世に属さない者だけが、この世が切望してやまない平和をこの世にもたらすことができるのである。この世を支配する力と権限を超えたところにしっかりと錨を下ろして生きている者は、この世に自由に入りこみ、この世に平和をもたらすことができる。

しかし、だからといって政治的戦略や社会経済的戦略を軽視すべきであるというわけではない。それどころかそうした戦略は、世界における具体的な在り方となり得る。ロビー活動、軍縮キャンペーン、反貧困プログラムその他の平和活動は、よりよい世界を築くために欠くことができない。イエスの福音には、ひとり山頂に立って孤高を誇る霊性が入りこむ余地はない。こうしたあらゆる活動において、私たちは聖パウロの次の言葉に導かれる必要がある。「何をするにも、すべて神の栄光を現すためにしなさい」（Ⅰコリント一〇・三一）。第一の、そして究極の基準は、私たちが神に属しているか、この世に属しているか、すなわち平和の家に住んでいるか、戦争を企てる者たちの住まいに住んでいるかである。この基準では「敬虔さ」はほとんど問われない。この基準が求めるのは、この世にとらわれずに生きることだ。成功や人気や権力への望みによって自分の行動が導かれることがないように願うことだ。たとえ拒絶や迫害、時には死まで招くことになったとしても、ひたむきに平和の主に自分のすべてをささげることだ。人間そのものの存続がかかっているのだから、中途半端な解決法はあり得ない。「私と共に集めない者は散らす者である」〔マタイ一二・三〇ほか〕というイエスの言葉は、かつてないほど強く、私たちにどう対応すべきかを問いかけるものとなっている。

本書において、私は平和をつくる人々に希望を与えようと試みた。ただし希望の基盤を、私たちは核によるホロコーストを回避できるだろうという推測に置かないようにした。今の時代に楽観主義はほとんど意味をなさない。着々と準備されている武力は衝突を起こすことしか想定していないように見えるので、常識のある人間なら誰であれ、言語に絶する大惨事を生じさせるには、ほんの小さな誤りさえあれば十分であることを知っている。それでもなお、私は伝えようと試みた。私たちは核戦争の可能性を見据えながら、それを食い止めるためにあらゆる手を尽くすことができるのだ、と。自分たちは生ける神の御手のうちにあって守られていると信じることによって、それができるのだ、と。

私たちの希望の基盤は、まさにここにある。人間のいかなる怒りも貪欲も破壊することのできないこの霊的帰属意識を伝えるために、私は神の家のイメージを用いた。聖ヤコブは、平和をつくる人々が関与する上からの知恵について語ったときに、これと同じことを語っている。「妬みや利己心のあるところには、無秩序とあらゆる悪い行いがあるのです。しかし、上からの知恵は、何よりもまず、清いもので、さらに、平和、公正、従順なものです。また、憐れみと良い実りに満ち、偏見も偽善もありません。義の実は、平和をもたらす人たちによって平和のうちに蒔かれます」（ヤコブ三・一六―一八）。

聖性、すなわち聖なる方と共にある生は、平和をつくるあらゆる働きのもたらす実りである。平和をつくる人々は神のもとから来て、その働きの実りを抱えて神のもとへ帰る。彼らの家は神の家、彼らの知恵は神の知恵、彼らの愛は神の愛だ。彼らはこの家と知恵と愛を、主イエスにおいて、また主イエス・キリストを通して見出した。主イエスはこの世に平和をもたらすために神のもとから来て、すべての人を彼の兄弟姉妹として集めるために神のもとへ帰られた。キリストは最初の平和をつくる者《ピースメイカー》である。神の家の門をすべての人に開き、それによって古い被造物を新しくしたからである。私たちはイエスの名において、平和をつくる者となるためにこの世に遣わされた。聖パウロが和解について語ったとき、言おうとしていたのはこのことだった。「だから、誰でもキリストにあるなら、その人は新しく造られた者です。古いものは過ぎ去り、まさに新しいものが生じたのです。これらはすべて神から出ています。神はキリストを通して私たちをご自分と和解させ、また、和解の務めを私たちに授けてくださいました。つまり、神はキリストにあって世をご自分と和解させ、人々に罪の責任を問うことなく、和解の言葉を私たちに委ねられたのです。こういうわけで、神が私たちを通して勧めておられるので、私たちはキリストに代わって使者の務めを果たしています。キリストの名においてお願いします。神の和解を受け入れなさい」（Ⅱコリント五・一七―二〇、原文に合わせて一部変更）。

「神の和解を受け入れなさい」とは、「平和を受け入れなさい」という意味である。この和解と平和は、イエス・キリストにおいて神から私たちに与えられた賜物であり、いかなる人間もそれを破壊することはできない。いかなる国もいかなる軍隊もいかなる大統領も、この神の平和を私たちから奪い去ることはできない。この確証があればこそ、私たちは勇気を奮いおこし、心と精神のエネルギーを尽くして死の力に抵抗することができる。そして大きな確信をもって宣言することができる。私たちの神である主は平和の主である、と。

訳者あとがき

本書は Henri J. M. Nouwen, *Peacework: Prayer, Resistance, Community* (Orbis Books, 2005) の全訳です。本書の中心となっているのはナウエンが教会関連の雑誌に載せた記事であり、ナウエンの死後十年近くたって、当時イエズス会司祭であったジョン・ディアがこの形にまとめました。

ヘンリ・ナウエンは一九三二年にオランダで生まれ、一九五七年にカトリック司祭として叙階されたのち、一九六六年に渡米。ノートルダム大学、イェール大学、ハーヴァード大学で教鞭をとり、多くの霊的著作を記し、一九九六年に亡くなりました。ジョン・ディアは一九五九年生まれの米国の平和活動家。一九八九年にホームレスの人々を支援する資金が不十分であることに抗議するデモを行って投獄されていたときに、ナウエンの著作『イエスの御名で』（後藤敏夫訳、あめんどう、一九九三年）を読んで深く感銘を受け、ナウエンに手紙を書き送ります。このときからナウエンとディアの親交が始まり、たびたび投獄されるディアを、ナウエンは手紙で励まし続けました。

ナウエンとは親子ほどにも年齢が離れているディアは、現在はカリフォルニア州モントレーの教区司祭として、今なお活発に活動を行っています。ディア自身のウェブサイトのなかに、彼の友人ビル・オドンネル神父が見聞きした興味深いエピソードが載っていましたので、ここでご紹介したいと思います。

オドンネル神父は、ニカラグアの空港で米国に戻る便の出発を待っていました。ふと気がつくと、ニカラグアの悪名高い枢機卿が空港の真ん中に立っているではありませんか。そしてその横では、背の高いひょろりとした男が腕を大きく振り動かしながら、枢機卿を説得しようと必死になっていました。米国政府に加担するのはすぐさまやめるように、ニカラグアの貧しい人たちを支援するようにと、熱く語りかけていたのです。オドンネル神父はこの男にすっかり感心し、枢機卿が憮然《ぶぜん》として立ち去ったあと、男のもとに行ってたずねました。「枢機卿にあのように語りかけるとは、いやあ、驚きました。あなたはどなたですか」。すると男は握手をするために手を差し伸べながら、こう答えました。「ヘンリ・ナウエンです」。

オドンネル神父は唖然《あぜん》としました。ナウエンの書いた本を何冊も読んだことのあるオドンネル神父にとって、ナウエンは思索的な霊的著作家であり、このようなことのできる人物であるとは思ってもみなかったのです（John Dear, "Henri Nouwen, Peacemaker" 参照［https://johndear.org/henri-nouwen-peacemaker-2/ 二〇二四年五月三〇日閲覧］）。

ナウエンの著作にある程度親しんだことのある人ならば、ナウエンがマーティン・ルーサー・キングらとともにセルマでの大行進に参加したことなどをたとえ知っているとしても、やはりこのオドンネル神父と同じように驚くのではないでしょうか。方策などもたず、相手にストレートに訴えかけるというナウエンの大胆な行動に、私も驚かずにはいられませんでした。確かに、ナウエンは生来、行動・活動の人ではなかったと思われます。また、闘争的な平和運動には抵抗さえ感じていました。けれども「今、平和をつくる者となるために必要なのは、私の祈りが具体的な行動として目に見えるようになることだ」（本書六四頁）と、ナウエンは語っています。本書でナウエンは、おそらく自分自身のためにも、祈りと行動、霊的な事柄と社会的・政治的な事柄の橋渡しを模索していると言えるのではないでしょうか。そしてさらに、平和をつくることにはそれに関心のある人だけが携わればいいのではなく、「平和をつくる者とならずにキリスト者でいることなど、誰にもできない」（本書一七頁）とまで断言しています。

本書はたびたび、一九八〇年代前半の中南米の状況に言及しています。ここで簡単に説明しておきましょう。

ニカラグアでは一九三四年以来、米国を後ろ盾にして私腹を肥やし、反対者は殺害または投獄するという、ソモサ一族三代にわたる独裁政治が行われていました。しかし一九七九年には米国との対決姿勢をうち出すゲリラ組織サンディニスタ民族解放戦線が政権を掌握。社会経済の改革に着手すると同時に、ソ連からの援助を受けて軍備を増強します。一九八一年に米国でレーガン政権が発足すると、米国は「反共のための戦い」という名目のもと、サンディニスタ政権に対抗する右派勢力コントラを支援。ソ連と米国の代理戦争の様相を帯びた内戦となり、一九八九年の停戦までに五万人近い犠牲者と百万人あまりの避難民を出しました。

グアテマラでは一九八二年、モント将軍が大統領に就任。西側諸国との協調を政策の柱として掲げ、強力な軍を用いて左翼ゲリラ掃討作戦を開始しました。教会が推し進めていた貧しい人々への教育、支援はゲリラの育成と見なされ、多くの教会関係者や民衆が拉致《らち》、拷問、虐殺されました。ナウエンは殺害された米国人神父ラザーのいた教会を一九八四年に訪ね、その後継者となった米国人神父ヴィージーのこととあわせて『グアテマラ物語』（宮本憲訳、聖公会出版、二〇〇九年）を書きました。

ナウエンは米国に渡って以来、中南米に深い関心を寄せていました。北米と中南米の結びつきを通して、神がご自身のみわざを現そうとしておられるのではないかと直観していたのです。ナウエンは折を見て、ボリビア、メキシコ、チリ、パラグアイ、ニカラグア、グアテマラなどを訪ねましたが、最も長い期間の滞在となったのは、一九八一年十月から八二年三月にかけてのボリビア（語学学校）、ペルーでの滞在でした。このときの体験を、ナウエンは『ありがとう』（*¡Gracias!* 未邦訳）に記しています。

当時のペルーは、一九八〇年の選挙によってそれまでの軍事政権が民政移管されていましたが、経済状態はかえって混乱を極め、とりわけ国民の約九割を占めるメスティーソ（先住民と白人にルーツを持つ人々）と先住民は、困窮した生活を強いられていました。ナウエンは貧困や抑圧や搾取に苦しむ人々に何かを施すつもりでそこへ赴きましたが、むしろそうした人々のなかで息づく神からの賜物の輝きを目の当たりにすることになり、深く心を動かされました。

実はこの滞在は、それまで自分のいた世界屈指の大学という場に真の居場所を見つけられなかったナウエンが、宣教師となって中南米で働くという召命の可能性を探るための滞在でもありました。けれども結果として、米国を本拠地とし、その後も中南米をたびたび訪ねつつ、自身の中南米での体験を米国の人々に講演や著述を通して伝えるという道を示されました。本書の中心をなす長らく未発表であった原稿（そのある程度の部分は「平和の家」と題され、『平和への道』廣戸直江訳、聖公会出版、二〇〇二年所収）をはじめ、平和に関するナウエンの著作の多くは、この時期に書かれています。

その後、ナウエンは一九八六年にカナダにあるラルシュ共同体に移り住み、重い知的障害を負った青年アダムと出会います。アダムは話すことも、泣くことも笑うこともできず、一人では歩けず、服の脱ぎ着もできず、介助なしには食べることもできません。ところがただナウエンらと共にいることしかできないこのアダムを通して、ナウエンに「この世のものではない平和」がもたらされます。アダムとの出会いによって、ナウエンの平和観は、基本的な線は変わらないものの、新しい境地に入っていくことになります（「イエスのもたらす平和」『わが家への道』工藤信夫訳、あめんどう、二〇〇五年）。しかしこの新しい境地は、一九八〇年代初めから半ばにかけて平和をつくりだす働きと真摯に取り組んだからこそ見えてきたものであり、決して本書の価値を減じるものではないでしょう。

このたび翻訳にあたり、peacemaker(s)という語を「平和をつくる人（々）」と訳しました。訳語すべてにルビを振るとわずらわしいので、元はこれが一語であることが日本語でわかりにくい場合のみ、「ピースメイカー（ズ）」とルビを振りました。ご了承ください。

本書が最良の形で世に出るよう力を尽くしてくださった日本キリスト教団出版局の方々、特に編集を担当してくださった土肥研一さんに、心より感謝をささげます。

渡辺順子

二〇二四年五月

解説

ヘンリ・ナウエンにおける「平和の霊性」

徳田　信

「平和の霊性」とコンスタンティヌス主義批判

教派の違いを超えて多くの読者を得てきたキリスト教霊性家ヘンリ・ナウエン。心理学者としてキャリアを始めたこともあり、一般に、人間の内面に関わる教師と見なされてきました。しかしナウエンの霊性は、私たちの日常から背を向けた理想世界に逃げ込むものではありません。むしろ、人々が生きている厳しい現実社会とのつながりを常に意識したキリスト教的生き方です。

たとえば、彼の名を一躍有名にしたのは『傷ついた癒やし人』（新版、邦訳二〇二二年）ですが、その旧版には「核時代のミニストリー」と題する章が含まれています。核戦争勃発を恐れる、冷戦期アメリカの社会的雰囲気を受け止めた内容です。このようなナウエンの霊性は「平和の霊性」と表現できます（ジョン・ディア『剣を収めよ――創造的非暴力と福音』、邦訳二〇一八年）。ナウエンは、平和をつくり出す者であることなしに、誰もキリスト者ではあり得ないと考えます［本書一七頁参照］。しかもその訴えを、あえて無力となり非暴力を貫いたイエス・キリストを範として行いました［本書一二六―一二九頁参照］。

それはたとえば、平和神学者として知られるスタンリー・ハワーワスの主張と共通します。彼らがまず語りかける相手は、戦争を起こす国々や暴力的な集団よりも、むしろキリスト教内部の人々です。その際のキーワードはコンスタンティヌス主義。キリスト教を公認したローマ皇帝コンスタンティヌス一世に由来する言葉で、教会が政府に対して特権を求める姿勢や、逆に支配力を及ぼそうとする態度です。

二〇二二年に始まったウクライナ戦争を例にとると、コンスタンティヌス主義の現代的な影響が見て取れます。ロシア大統領の盟友とされるキリル一世（モスクワ総主教）は、自国ロシアの軍事行動を一種の聖戦であるかのように表現しました。キリスト教的な言葉で国民の戦意を高め、戦争の一翼を担ったわけです。しかしそれはロシアに限られた話ではなく、ナウエンやハワーワスが活躍したアメリカの課題でもあります。教会は憲法上、権力の座に就くことはできませんが、多数派として社会的影響力を保持してきました。その意味でコンスタンティヌス主義の誘惑に絶えず晒されてきたのです。九・一一同時多発テロが起きた際、当時の大統領は聖書を引用して「対テロ戦争」を鼓舞したのでした。

一般にこの世の権力者が用いるのは、政治・経済・軍事・道徳・宗教など様々なかたちの強制力（パワー）です。それによって社会の秩序が保たれる面があることも事実でしょう。いわゆるローマの平和（パックス・ロマーナ）です。しかしパワーによって保たれる平和は戦争という暴力と紙一重です。そして何よりも、「ポンテオ・ピラトのもとに苦しみを受け、十字架につけられ」ても非暴力と赦しを貫いた、イエスが体現する平和（パックス・クリスティ）とは真逆です。どちらの「平和」を追求するべきなのかが問われます。

神の愛に根ざす平和

ナウエンが意識を向けたのは、アメリカ社会とその中に生きる人々が意識せず取り込まれている闇です。神を畏れていると言い募る大統領を無批判に受け入れることで、残酷な戦争や、中南米など他国の民衆への抑圧に加担している人々の姿です。ただしナウエンが問題にしたのは、積極的な戦争支持者だけではなく、ある種の平和活動も含まれます。しばしば用いられる暴力的な言葉や態度を念頭に、彼らは恐れによって動かされており、恐怖から人を行動へと駆り立てようとしていると指摘します［本書九〇―九三頁参照］。

ナウエンによると、平和活動が恐怖に駆り立てられて行われる時、結局それは戦争の源になりかねません。一般にひとは周囲の社会や人間の闇をたやすく認めますが、自分自身の「善行」にも潜んでいる同じ闇を認識することは難しいものです。誰であれ自分自身もその戦うべき悪に加担している事実を謙虚に認識することが求められます［本書三一―三九頁参照］。そもそも、「平和を顧みない不道徳な彼ら」と「平和を愛好する私たち」を分けること自体、相手を悪魔化することで内面的に殺しているのです。それゆえ大切なのは平和をまず自分自身に生じさせることであり、そこで語られるのは祈りの重要性です。

祈りと平和活動はときに対比的に捉えられますが、ナウエンは祈りそれ自体を平和活動として捉えます。そこでの祈りとは神との個人的かつ真剣な交わりとしての祈りであり、神の無条件の愛に身を浸すときです［本書四四頁以下参照］。神の愛の無条件性を深く受け止めていくにつれ、その愛が自分自身にだけでなく敵対する人々にさえ及んでいることに気づかされます。こうして敵意が入り込む余地が消えていくのです〔本書九四―九六頁参照〕。

また神の愛は、それ以外のものによって自分の存在意義を満たそうとする虚偽からの解放に導きます。私たちは周囲の評価に思い煩い、認められるために何らかの行動を起こすことがあり得ます。しかしそれは、満たされていない愛の代償を求めている状態であり、その欲求が積み重なっていくところに暴力と戦争があります。ですからナウエンは、真の平和はあらゆる点で、神の無条件の愛に自己を委ねることから始まると主張するのです。

共同体の中でイエスに出会う

ただしナウエン自身も認めていたことですが、祈りの生活を続けることは必ずしも容易ではありません。そのため、神と独りで向き合う祈りの生活を続けるには、共同体の交わりが必要です。その場合の共同体とは、組織や制度としての教会というよりも、人々が共に食卓を囲み、胸襟を開き合うところで生まれるコミュニティを指します。それは、心許せる者同士の垣根を超えたもので、自分にとって嫌な人々がいる場です。そのような共同体に加わることで、自分自身が罪の告白と赦しを絶えず必要とする途上の存在であることを教えられるのです。

そしてナウエンが自身の経験を通して発見したのは、とりわけ一般に弱く貧しいと見なされる人々の中において、そのような共同体性が生じているという事実です。ナウエンは自分が教え書いてきたことと実際に生きている場との矛盾に悩み、ハーバード大学の教授職を辞しました。そしてカナダ・トロント近郊のラルシュ共同体（キリスト教信仰に基づいて障がいを持つ者と持たない者が共に暮らすコミュニティ）に移り住みました。その決断は、英雄的な自己犠牲というよりも、真実な共同体性に身を置こうとする内的渇望の結果でした。

ナウエンはそこで、共同体全体の司牧と共に、重度の障がいを持つ青年アダム・アーネットのケアを担当することになります。後年ナウエンは、文字通り寝食を共にしたアダムについて、どんな書物や大学教授などにもまさって自分をイエスに導いてくれたと告白しています。アダムは周囲に依存する人生を送りましたが、ナウエンはそのアダムの中に、受難の生涯を送ったイエスを重ねて見るようになりました（ナウエン『アダム――神の愛する子』、邦訳二〇二〇年）。

ラルシュでの経験を通してナウエンが物語るのは、身体性に根差して低みに生きる受肉の道です。神が肉をまといイエスとして到来したのは、私たちが日常のただ中で神の御心を味わい、そこに生きるためです。そして受肉には低みを引き受けることが含まれます。低みの一つの極致であるアダムの生は、これも低みの一つの極致である家畜小屋で生まれたイエスの生と重なります。かつて有名大学の人気教授だったナウエンは、生き方としては低みよりも高み、身体性よりも知性が優位であり、一つところに留まるよりも著作や講演で世界中を忙しく飛び回っていました。しかしラルシュに移ったことで、スピードと効率の良さを求める一般社会では味わい難い、深い喜びと内的平和を見出したのでした。

平和は弱く小さなところから

ラルシュでのゆったりとしたペースに価値を見出したのはハワーワスも同様です（スタンリー・ハワーワス／ジャン・バニエ『暴力の世界で柔和に生きる』、邦訳二〇一八年）。ハワーワスが問題としたのは、現代のテクノロジーがスピードと利便性を至上価値とするに至ったことです。電話やネットで瞬時に地球の裏側とつながることができる現代、世界の多様性は失われていき、画一的なグローバル社会が生まれつつあります。そして問題は、スピードと効率性によって時間を支配しようとすることが暴力と結びついていることです。「世界は安全になるべき」との信念のもと、人々は戦争を利用するのです。

この理解はハワーワスの平和神学を理解する鍵となる、神の国の「すでに」と「いまだ」の問題と結びつきます。神の国がいまだ来ていないことに焦点を合わせるならば、罪に満ちたこの世の現実を仕方がないものとして受け入れ、そこに身を合わせることになります。つまり、戦争を「より小さな悪」の選択として受容するのです。しかし神の国がすでに始まっていると宣言したイエスに聴き従うならば、十字架に至るまで貫かれた赦しと非暴力の生き方に身を合わせることになります。それは、非暴力ならば首尾よく事が運ぶという「手段としての平和主義」ではありません。

ハワーワスもナウエンも、イエスにならって生きることが、たとえ短期的な視点ではうまく行かないように見えても、長期的な視点つまり神の視点では最善の道だという信仰の確信を抱いていました。その根拠はイエスの十字架の先にある復活の勝利であり、キリスト者はそのようなイエスの道に参与するよう招かれています［本書一二二―一二四頁参照］。暴力の源は、神への信頼に生きたイエスに連なることなく、自分が思い描く理想世界のために状況を支配しようとする心性です。ですから、平和の本質である神の愛とそれに基づく赦しと和解、すなわち悪魔的諸力に対する勝利が、すでにイエスによって実現したと認めることが求められるのです。この認識こそが信仰による抵抗の根拠です。それは、この世が求める「強さ」ではなく、一見無力な「弱さ」の道を選ぶことを意味します。ナウエンにとってそのような「弱さ」を体現するのがラルシュであり、さらにはウクライナでした。九〇年代前半、二回にわたってウクライナを訪れたナウエンは、その経験を日記に残しました（ナウエン『ウクライナ日記』二〇二三年、未邦訳）。ナウエンはそこで、国際情勢に翻弄され弱く小さなものとされたウクライナ、その中でも特に、ラルシュの姉妹団体である「信仰と光」という障がい者ネットワークに希望を見出しています。

神の愛に根ざした共同体において、私たち自身もまた、弱く小さな存在としての自分を受け入れ、イエスに従う道を歩もうとする。それこそナウエンが思い描き、追求した「平和の霊性」です。

渡辺順子（わたなべ・じゅんこ）
翻訳家
仙台市生まれ。立教大学文学部英米文学科卒業。訳書として、ナウエン『傷ついた癒やし人　新版』（日本キリスト教団出版局、2022年）、ベルトン「『ハリー・ポッター』が英語で楽しく読める本」シリーズ（コスモピア、2004-16年）、同『英語は多読が一番！』（筑摩書房、2008年）、同『健太、斧を取れ！』（幻冬舎、2010年）ほか。

解説
徳田 信（とくだ・まこと）
フェリス女学院大学教員
1978年、兵庫県生まれ。国際基督教大学、東京キリスト教学園、国際バプテスト神学校などで学ぶ。博士（神学）（同志社大学）

ナウエン・セレクション
平和の種をまく　祈り、抵抗、共同体

2024年7月15日　初版発行

訳　者　渡辺順子
解　説　徳田　信
発　行　日本キリスト教団出版局
169-0051　東京都新宿区西早稲田2丁目3の18
電話・営業03（3204）0422、編集03（3204）0424
https://bp-uccj.jp
印刷・製本　開成印刷

ISBN978-4-8184-1170-8 C0016　日キ販
Printed in Japan